Antoine EDO

Au nom du Père et des miens!

Antoine EDO

Au nom du Père et des miens!

Pour ma mission

Éditions Croix du Salut

Imprint

Any brand names and product names mentioned in this book are subject to trademark, brand or patent protection and are trademarks or registered trademarks of their respective holders. The use of brand names, product names, common names, trade names, product descriptions etc. even without a particular marking in this work is in no way to be construed to mean that such names may be regarded as unrestricted in respect of trademark and brand protection legislation and could thus be used by anyone.

Cover image: www.ingimage.com

Publisher:
Éditions Croix du Salut
is a trademark of
Dodo Books Indian Ocean Ltd. and OmniScriptum S.R.L publishing group

120 High Road, East Finchley, London, N2 9ED, United Kingdom
Str. Armeneasca 28/1, office 1, Chisinau MD-2012, Republic of Moldova, Europe
Printed at: see last page
ISBN: 978-620-6-17065-5

Antoine Edo

Au nom du Père et des miens

Que je puisse penser à sortir un livre aujourd'hui, il a fallu que je sois en vie. Et ma vie maintenant, je la dois à certaines personnes, des parents et amis, qui - comme dit ma mère - « m'ont acheté dans les mains de Dieu ».

En premier, je pense à mon oncle l'Honorable Alfred Kouassi Nguessan et son frère le ministre Maurice Kouakou Bandama.

Dieu m'a ramené sur terre car certaines personnes ont prié, intensément en ma faveur : mes parents biologiques de la famille EDO, Amani Konan Jean, Dominique Kouassi, Assohou Wenceslas, Sabine Kouakou, Assalé Tiémoko Antoine, Monique Kouassi, Henri Kouassi, Félix Kouassi, Lavry Christine, Gbané Tidiane, les communautés Catholiques, Protestantes Méthodistes, Déhima et Musulmanes de Pacobo et du monde.

A L'intérieur :

- ➤ L'édito : Requiem du père… et du fils. Amen !

- ➤ Le ressuscité
- ➤ Quelques Témoignages

L'édito :

Requiem du père… et du fils.

Amen !

Comme à la renaissance, dans la naissance aussi, il y a toujours cette dualité de rêverie des pères et parents. Lesquels définissent le requiem comme étant, dans la liturgie catholique, une prière, un chant pour le repos des morts. A la naissance, le père ayant été témoin de la venue au monde du fils, s'inscrit activement à une rêverie du genre ''mon fils, tu es mon héritier. Tu continueras mon œuvre à ma suite''. Et ce n'est pas l'entourage familial, encore moins amical, qui manquera d'ajouter son grain de sel : « Où est le fils du père? Petit, tu es l'héritier de ton père ! Il te reviendra de perpétuer son œuvre ».

Les uns et les autres trouveront divers points de similitude et de ressemblance parfaite les reliant dans le temps et dans l'espace ; au regard de l'histoire. Dieu, grand concepteur et architecte, est témoin de tout sur terre. Comme l'a dit l'homme le jour où le glas sonna : « Ah, on dit oh, on n'avait fait que dire ! Mais maintenant, c'est arrivé. Tu es passé de la chaise au trône. A cette place, tu n'as plus le choix. Tu dois assumer maintenant tes responsabilités de fils-héritier. Tu es devenu grand comme ton papa ».

Bienvenue au fils ! Sans cérémonie, on passe la relève du père au fils. Alléluia !

Et c'est là que se dégageront au moins deux grandes tendances. D'un côté, on entendra dire qu'on ne voit rien en lui qui vienne du frère partenaire, le supposé père et qu'il est vraiment différent de son géniteur. Et rapidement le lien s'estompe.

De l'autre côté, on trouvera des choses à dire pour justifier les similitudes parfaites : « Comme le père, c'est la parfaite métaphore père-fils. Le fils ressemble au père. Petit, tu es l'enfant de ton papa. Comme disait grand papa, le cabri ne peut mettre au monde un mouton ! Un garçon ne peut disparaitre aussi facilement de la terre sans laisser de traces parfaites ».

Les témoins et observateurs assistent à tout ce spectacle sans mot dire. Et comme Dieu est vraiment témoin de tout, le bien et le moins bien, surement le temps de Dieu viendra!

Petit témoignage

Trois semaines de coma et trois mois de vie inactive et presque sans un seul mot qui ait du sens. Alors que le séjour sur terre allait se conjuguer au passé, Dieu se lève et change tout : « Mon fils, que fais-tu ici ? C'est pour toi qu'il y a tant de Prières sur terre pour te réclamer ? Retourne sur terre. Tu es trop utile là-bas où les femmes et les hommes de toutes tendances chrétiennes religieuses (catholiques, méthodistes, évangéliques), des chrétiens de l'église Déhima et des musulmans t'attendent énormément. Ils n'ont cessé de me prier chaque jour de ton séjour dans mes locaux. Vas car ta mission n'est pas finie !».

C'est comme ça que sans bagage, tel que l'individu est entré dans ce paradis céleste, ''le fils'' retourne sur la terre des hommes, à la grande joie des hommes, parents et amis autour de lui, dans l'hôpital.

Au réveil

Au moment de débarquer sur terre, en plus de la respiration, les yeux s'ouvrent. Etant témoins de la joie professionnelle des médecins, des infirmiers, des aides-soignantes, au niveau de la famille et des amis. S'interrogeant de savoir quel sens avait cette joie subite, les moins euphoriques permirent de comprendre que cela fait trois mois qu'ils attendaient que les yeux et la bouche s'ouvrent pour dire un mot qui ait du sens.

Et un plus jeune répondit : «Tu as été victime d'un accident de voiture. On ne sait par quel miracle ou bénédiction divine, tu as été sorti inconscient de l'épave mais complètement trempé dans le sang. Tes trois amis et frères compagnons de voyage n'ont pas eu cette grâce ».

 Trois à quatre mois de vie sans effet ! On s'étonne.

-Dis quelque chose sur l'accident, s'adressant au petit qui répond.

-C'est une longue histoire. On va juste faire un résumé. C'était le dimanche 13 Décembre 2015. Vous et trois autres personnes liées d'amitié étiez dans un véhicule personnel sur l'autoroute du Nord en train de venir à Abidjan. Vous avez été victime d'un accident de circulation et vous êtes tombé dans le coma. Et depuis ce jour, nous sommes là à attendre votre réveil ou votre mort. Et voilà que vous êtes réveillé, Dieu merci !

Rendons grâce à Dieu

Que de grâces divines ! Les félicitations, encouragements et soutiens aux bénédictions, et remerciements au bon Dieu pour le fait de l'avoir sorti du paradis temporaire. On a ouï dire que le prêtre qu'il ne connaissait pas personnellement ainsi que le pasteur méthodiste, chacun de son côté, a organisé des veillées de prières, des messes et cultes à son sujet. Entendant cela, une seule question lui parcourt l'esprit : comment ces grands serviteurs de Dieu l'ont-ils connu ? Qu'a-t-il fait pour mériter tant de grâces de leur part ?

Pour le pasteur de l'église méthodiste unie, on comprendrait puisque son oncle paternel est l'un des cadres de cette église. Un fidèle pourrait passer par chez lui et lui expliquer que le Député, étant le fils politiquo-sociétal de l'oncle, l'Honorable Alfred KOUASSI... Il voudrait alors faire acte de bonne allure miséricordieuse vis-à-vis du paternel à travers un tel geste, en associant tous ceux qui le veulent bien.

Mais on n'enregistre aucune circonstance de connaissance du prêtre de l'église catholique du village. Alors comment ce serviteur de Dieu a-t-il été informé et pris une telle initiative chrétienne. On le savait à Pacobo, dans le village paternel, depuis pratiquement deux années. Mais jamais ils n'ont eu de contact personnel ou direct. Comment son attention a-t-elle été portée sur sa personne ? Qui est le lien entre Mon Père et lui le Fils ? La mère certainement, pourrait-on répondre ! Pour ses présences régulières à la chorale et aux séances de prières de l'église ?

Croyez-y, mille questions lui passaient par la tête, sans réponse. On aura alors compris qu'il faut rendre grâce à Dieu pour tous ses bienfaits. Un fidèle serviteur de Dieu a pu rendre témoignage de cette petite vie aux fidèles   serviteurs   de Dieu pour tous les actes qu'il faisait dans l'inconscience. Au prochain passage à Pacobo, il passera leur dire bonjour et merci pour tous ces services ; et pourquoi pas un témoignage à partager !?

Disons Amen… !

Pour l'avoir remis sur terre, pour la grande joie chez les villageois et chez ceux qui le connaissent sur terre, on dit merci à Dieu. Merci pour avoir permis à sa mère de se réjouir un peu encore. Amen pour le bonheur accordé à la famille, aux collègues et amis.

Amen d'avoir évité l'orphelinat à ses enfants. Que la paix de Dieu soit sur nous tous, Amen !

Il est bon à ce niveau que nous partagions une prière qu'un grand-frère a adressée à Dieu au moment où le blessé traversait encore des moments critiques. Le grand-frère en question est un officier de la police nationale. Nous avons en commun le village. Disons que le grand-frère en question, on le sait, a été Enfant du Cœur quand il était très jeune.

Le 24 décembre 2015 à 12 heures 03 mn, l'ainé a écrit :
« SEIGNEUR mon Dieu, ne me fais pas mentir. Ne me donne pas la honte. Car chaque fois que je prie en ton nom, tu exauces ma demande. Voilà bientôt deux semaines que je prie pour ton enfant qui, en ce moment, a plus que besoin de ton secours.
SEIGNEUR, mon Dieu, tu as donné la vue à l'aveugle ; tu as relevé le paralytique, tu as guéri le lépreux et tu as montré que rien ne t'est impossible en ressuscitant ton ami Lazare.
 SEIGNEUR, je te confie l'état de santé de ton enfant car je suis persuadé que tu peux faire quelque chose pour lui. Toi qui es Miséricordieux ; accorde lui la guérison qui vient de toi pour la plus grande gloire de ton nom.
Amen
SEIGNEUR JESUS, j'ai prié pour ton enfant EDO Antoine.
Amen » !

Le ressuscité

Dans un songe paradisiaque, Dieu est sorti de son palais pour s'adresser à son peuple, aux habitants. Il évoqua mon nom une première fois. Je crois que c'était pour mettre fin aux causeries entre certains habitants, puisque je ne répondis pas. J'avais un gars qui était toujours avec moi. Il me suivait régulièrement et partout où j'étais, il était avec moi. Je ne savais pas son nom, ni son teint, ni sa taille encore moins. Ai-je été suffisamment gentille et poli pour lui dire au-revoir lorsque je sortais de là-bas ? Je n'en suis pas sûr. Je me pose encore tellement de questions à son sujet. Comment sommes-nous devenus des amis ? Et depuis quand ? Pourquoi je n'ai même pas pris la peine de lui demander son nom ? Comment me trouvera-t-il quand je vais repartir ? Et est-ce que je vais le trouver en place ? Etait-il dans les mêmes conditions que moi ?

N'ayant pas répondu au premier appel, le Maitre des lieux a bien voulu m'appeler encore.

Alors il dit une seconde fois.

-EDO Antoine.

Et là je réponds.

-Oui mon père ! Je suppose.

-Tu fais quoi ici ? Entends-tu toutes ces prières sur terre pour toi ? Tu n'as pas encore fini ta mission. Tu fais quoi ici ? Les gens te réclament ; retourne sur terre où les gens attendent ton retour.

Pouvais-je engager un débat avec le Maitre des lieux ? Bien sûr que non, puisqu'il y est grand, grand Maitre de cet espace. Il convient et il me plait de rappeler ici ce passage dans Chaka de Senghor où Nolivé rappelait certains faits de son passé :

« La faiblesse du cœur est sainte. . .

Ah Tu crois que je ne l'ai pas aimée

Ma Négresse blonde d'huile de palme à la taille de plume

Cuisse de loutre en surprise et de neige du Kilimandjaro

Seins de rizières mures et de colline d'acacias sous le vent d'Est

Nolivé aux bras de boa, aux lèvres de serpents minutes

Nolivé aux yeux de constellation point n'est besoin de lune pas de tamtam

Mais sa voix dans ma tête et le pouls fiévreux de la nuit

Ah tu crois que je ne l'ai pas aimée

Mais ces longues nuits, cet écartèlement sur la roue des années, ce carcan qui étranglait toute action

Cette longue nuit sans sommeil… J'errais cavale du Zambèze, courant et ruant aux étoiles

Rongé d'un mal sans nom comme d'un léopard sur le garrot

Je ne l'aurais pas tuée si moins aimée

Il faillait échapper au doute

A l'ivresse du lait de sa bouche, au tam-tam lancinant de la nuit de mon sang

A mes entrailles de laves ferventes, aux mines d'uranium

De mon cœur dans les abimes de ma Négritude

A mon amour à Nolivé

Pour l'amour de mon Peuple noir ».

Il faut le dire, le séjour à l'hôpital était douloureux. Il fallait faire avec ces nombreuses piqures, ces seringues de sang et de liquides incolores multiples qu'on injectait régulièrement, à ces jeunes filles de salle qui venaient et partaient. Il fallait faire avec celles qui venaient pour la toilette matinale. Et dans la journée, on prend plaisir à se voir visiter par d'autres personnes : des ministres ? Des directeurs de société ? Des amis et parents ?

C'est dans cette ambiance que je passais le temps.

Le pacte de Singrobo

Commençons par ce que nous allons appeler « le pacte de Singrobo ».

Avec Singrobo, c'est un pacte ; un contrat d'amitié, de partenariat que nous avons pratiquement signé. Mon amie et alliée du contrat se nomme Hélène que j'appelais affectueusement M'béhé, Helo ou Helena. L'amitié s'est attachée surtout à l'occasion de son séjour à l'hôpital ; après son accident, le premier des routes, au CHU de Cocody. Je prenais plaisir à lui offrir des plats de pizza qu'elle aimait bien. Avec le même plaisir, j'ai contribué à faire face aux nombreuses dépenses. Ce sont des choses qui ont fini par m'attacher solidement et définitivement à sa personne.

Combien de fois il a été plaisant de prendre la route pour Abidjan ? Se lever à cinq heures pour s'apprêter et à 5 heures 30 minutes monter en voiture pour se mettre sur l'autoroute pour Abidjan. C'est en arrivant à Abidjan que j'appelle mon M'béhé pour lui dire que je suis à destination. Et la savoir réjouissante d'apprendre cette nouvelle de satisfaction

Combien de fois j'ai pu tirer la pleine satisfaction d'être arrivé chez nous à la maison à Angré en appelant au téléphone mon M'béhé pour partager avec elle cette information !

Quand on faisait ensemble le trajet, en car ou en véhicule personnel, combien de fois nous ne nous sommes pas réjouis d'être à destination quand elle confectionnait un repas à partager rapidement avant de passer au lit ?

Combien de fois nous n'avons eu plaisir à partager un repas et une bouteille d'alcool ensemble pour mettre fin au carême de la journée ?

Combien de temps il faut pour mettre fin à cette satisfaction morale de recevoir des amis, des frères et sœurs avec qui discuter de certaines choses et sujets d'ordre politique, villageois, coutumier ou familial.

De quoi n'avons-nous pas parlé ? Des choses du village, de la politique nationale, de la police et de la gendarmerie, de l'enseignement, de la presse et de la télévision. De la vie elle-même simplement.

Oui, j'ai pris du plaisir à lui faire connaitre des joies et d'autres facettes joyeuses de la vie sur terre. A faire découvrir Abidjan, de jour comme de nuit, de joie comme d'événement douloureux ! La vie est pleine quand elle semble mouvementée, remplie de joies et de tristesses, de hauts et de bas, de joies et de peines. Jamais je ne te ferais repartir à Sococé des II Plateaux à l'escalier roulant pour ne pas que ta tragédie fasse la « Une » des journaux du lendemain avec des titres à vous couper le souffle.

En cinq ans, je t'aurais fait connaitre de grands moments dans cette vie éphémères d'Abidjan. Que n'aurais-je pas fait en cinq ans ?

J'ai tout donné. L'amour à une femme, à un de ses frères, à une de ses sœurs, à un oncle ou à un autre parent. Je connais le théorème. Quand tu aimes une femme, ne t'intéresse point à son passé. J'en ai fait un axiome de vie. Et ma petite vie est guidée par de petites théories de la sorte. Jamais je n'ai adressé une interrogation à quelqu'un sur des sujets de ce genre. Aucune causerie entre amis sur une question pareille n'a eu la moindre importance pour moi. Pour moi, la valeur de la femme, de ma femme aussi, est attachée à d'autres choses, liée à d'autres sujets.

Je me réjouis de sa petite taille. Certaines personnes de sa promotion d'âge l'appellent souvent « la minette ». Et elle était grande d'à peine 1,50 mètre. C'était une véritable puce bouillante. Leader de son groupe de femmes, elle savait mener le débat au niveau de la chefferie du village, et se faire soutenir par les autres personnes de tous genres et de tout sexe. Helena a su se familiariser avec tous autour d'elle ; les hommes politiques comme les personnes du monde des affaires, ainsi que les paysans, pêcheurs et villageois. Un paysan revient du champ ? Il avait en une minute d'escale un bon verre d'eau dite glacée pour étancher sa soif, souffler un bon coup avant de continuer son chemin pour aller se reposer à la maison.

Un voyageur revient en famille après quelques jours passés en ville ? Il trouvait chez Helena un abri pour ranger un peu son sac de voyage trop lourd !

Chez Helena ou Helo, les jeunes gens qui ne sont pas occupés à grande chose trouvaient l'ombre suffisante pour le repos de la mi-journée.

Les enfants occupés à ne rien faire savaient aussi trouver de la place, loin des bouteilles d'alcool, pour s'accorder quelques minutes à remplir le temps vide. Il y avait de la place pour tous.

Son cœur était suffisamment grand pour être partagé à tous. Aujourd'hui, ce sont des choses qui vont être difficiles à trouver en ce même lieu dit « Singapour ». Bien sûr que vous trouverez le maquis ; bien sûr que vous trouverez les chaises en place. Mais il vous sera difficile d'avoir cet accueil amical ou familial rempli de gentillesse et d'amour.

Elle a un grand amour pour les enfants et un grand respect pour les grandes personnes, les vieux et les vieilles du village, de qui elle recevait beaucoup de prières et de bénédictions. Et ce sont certainement toutes ces prières qui ont fourni par susciter toutes ces bénédictions et grâces divines ! Disons-le, Dieu est de la partie.

Il plait à certaines populations du même village de se réjouir des moments de difficultés de certaines personnes. Quel plaisir en tirent-ils ?

J'ai vu et j'ai entendu plusieurs personnes du village lui témoigner leur sympathie des semaines durant. Ces personnes venaient lui dire tout leur soutien dans ces moments difficiles de récupération après ce que nous appelions le dernier accident. Et elle répondait presque toujours de la même manière : « Merci, c'est gentil ; il faut dire merci à Dieu pour cette gentillesse qu'il a eue à mon égard ». C'était devenu finalement une habitude, comme une seconde nature.

La petite sœur d'Helo qui dormait dans la chambre voisine à la sienne se levait les matins et cherchait à me voir pour me dire le bonjour. Je l'admirais avec beaucoup de respect et de sympathie. Elle ne respirait pas la grande forme. Elle était mère de deux enfants : un garçon et une petite fille. Après le bonjour, il me revenait de lui demander si les enfants sont en bonne santé. Sa réponse était affirmative. Je disais alors « Dieu merci ». Ma petite femme m'interrogeait pour savoir si je souhaite prendre mon bain matinal avec de l'eau chaude. Selon le temps qu'il fait, je répondais et la suite était facile pour moi. Il va s'agir d'aller m'apprêter pour aller dans la douche.

Il y a une question dont je n'ai jamais eu une réponse claire chaque fois que je la pose à Helena : « De quoi souffre ta sœur au juste ? » Helena se contentait de me répondre à chaque fois que si ce jour, elle s'est levée, il faut dire déjà merci à notre Dieu. Qu'est-ce que cela voulait dire ? C'est dans cette atmosphère que nous avons vécu jusqu'à ce qu'elle tombe malade. Les parents se rendant compte de son état qui ne s'améliorait pas, ils ont demandé à Helena de l'accompagner dans un hôpital à Abidjan. Ce qu'elle fit. Elle et sa sœur ont un frère qui réside à Yopougon. C'est donc chez lui que la malade devrait passer son séjour pendant qu'elle se ferait traiter par le Chu de la commune. Dès qu'elle est arrivée, je me suis déplacé pour aller lui rendre une visite à la maison un jour où elle n'avait pas de rendez-vous à l'hôpital. A mon arrivée, j'ai senti un sourire dans un visage assez sombre pour m'accueillir. Avait-elle parlé et la voix est restée dans la gorge ? En tout cas, la petite lumière qui a traversé son visage permettait de comprendre toute sa joie de me voir… Ce jour de visite à ma belle-sœur est un jour que je considère comme mon férié. Je n'étais pas pressé de revenir chez moi à la maison. Et les petits regards que me jetait Helena me mettaient une pression telle que je semblais me perdre dans mes idées. J'ai dû en ce moment précis faire appel à une force extérieure pour continuer à être maitre de la situation. C'est donc dans cette atmosphère que je me suis accordé quelques minutes avant de dire à Helena que le temps de rentrer approche. Sa réaction m'a permis de comprendre que ma décision était bonne ; en tout cas lui allait bien. En me levant, j'ai finalement dit à ma petite chérie que je voudrais qu'elle soit très vite rétablie pour qu'on se retrouve très prochainement au village. Là encore, elle m'a répondu avec un petit sourire. L'essentiel ayant été fait, en une dizaine de minutes, j'ai pu dire au revoir aux autres membres de la famille et prendre définitivement congé d'eux. C'est lorsque nous descendions les marches de l'escalier que Helena m'a fait une autre proposition. Elle suggère que nous trouvions un espace bien pour nous asseoir afin de discuter un peu. Ce que nous faisons. Là, nous avons le temps d'évaluer le coût des soins de sa sœur, de demander et avoir des informations sur d'autres personnes, de faire notre programme commun qui a consisté surtout pour elle à faire un tour à la maison chez nous à

Angré avant de repartir le lendemain à Yopougon. Elle a le temps de me convaincre de ce qu'un singe ne peut grimper sur un arbre fruitier, y rester une heure durant sans en manger. Pour elle, il faut qu'elle vienne passer une nuit chez nous à Angré avant d'aller soutenir encore sa sœur. J'ai trouvé cette proposition tellement bonne que j'ai donné immédiatement mon accord avant de rentrer à Angré. Les choses à la suite se sont bien passées jusqu'à ce qu'elle vienne effectivement. Mais dès le lendemain, très tôt le matin, c'est son téléphone portable qui la réveille pratiquement. Elle venait de recevoir un appel de son frère de Yopougon qui lui demande de venir rapidement car la nuit a été très difficile pour sa sœur. En quelques minutes, elle s'est mise en route. En arrivant à Yopougon, elle se rend compte que l'état de santé de sa sœur exige qu'elle soit conduite encore au Chu. Le médecin qui l'avait reçue demande aux membres de son équipe de lui faire parvenir les résultats des analyses et examens qui avaient été faits. Quand il les reçoit, il apprend à Helena que le sang de sa sœur est totalement infecté. Il lui dit aussi que dans ce genre de situation, les rares cas qui ont pu être sauvés sont revenus extrêmement chers. Alors une décision devrait être prise. Quelques minutes d'échanges téléphoniques ont suffi pour décider de ramener la sœur au village. Son état de santé ne lui permettant pas d'aller emprunter un car de transport en commun, il fallait faire un arrangement avec un taxi si le chauffeur acceptait ce qu'on appelle « une négociation ». C'est donc un taxi que nous avons négocié qui s'est mis en route pour le village. Bien entendu qu'au village, il n'y avait plus grande chose à faire pour l'aider. En deux jours, elle s'éteint. Helena m'appelle encore pour m'annoncer la mauvaise nouvelle. Je lui réponds que compte tenu de mon travail, je ne pourrai être dans leur village qu'en fin de semaine. L'information triste a été portée à la connaissance de mon oncle, le Député. Lui et moi, nous nous sommes entendus que le week end qui arrivait, nous ferons un voyage dans leur village pour saluer la famille. Je me suis accordé ce temps pour informer mes connaissances de cette famille que je serai là en fin de semaine. L'un après l'autre, les jours sont passés et nous étions au vendredi. J'ai pris la peine d'informer mon Directeur de Publication Assohou que pour pouvoir me rendre aux funérailles de la sœur d'Helena, je ne serai pas à la séance de réunion du vendredi. Je lui ai demandé la permission en même temps. Il me l'a accordée sans aucune difficulté. C'est ainsi que dès le vendredi matin, mon oncle et moi sommes partis pour le village, le nôtre d'abord. Une petite équipe nous y attendait pour nous accompagner aux funérailles. Et nous sommes allés à Singrobo. Les uns et les autres, en route, me demandaient si je pleurerais en arrivant. Je leur ai répondu que je ne sais pas le faire. Et ils riaient. En arrivant à Singrobo, comme j'ai régulièrement informé Helena de ce que nous sommes en route, nous avons trouvé sur place un bon nombre de personnes dont le chef du village et des notables. Nous avons salué comme il est recommandé de le faire en de pareilles circonstances. Et tout, vraiment tout a été fait selon la tradition locale. Nous avions dans notre délégation, un des détenteurs des systèmes de fonctionnement de notre village, celui-là même que j'appelle affectueusement « Tonton Barth », une manière de lui trouver un diminutif à son vrai nom qui est Kacou Ba Barthelemy. Nous avons fait ce que nous enseigne la tradition en de pareilles circonstances avant de lever la séance au bout de quelques heures. C'est ce petit moment qu'Helena choisit pour sortir une petite phrase à mon endroit. Elle dira : « Oui, elle est partie ! Me laissant deux enfants à ma charge ». Ces petites paroles sont porteuses de véritables charges aussi bien au niveau de la responsabilité sociale qu'au plan économique. Deux enfants qui n'ont plus leur mère génitrice.

Une femme âgée dont j'ignore le nom passait et je l'ai entendue dire : « Eéh les enfants ! Vous avez la chance que la sœur de votre mère est là pour vous. Dieu merci, portez-vous bien ! »

Notre délégation est entièrement montée en voiture. Nous sommes partis directement au restaurant d'une autre dame que j'aime bien, Tantie Simone. C'est là que nous allons prendre le repas de midi avant de rentrer dans notre village. Le constat est donc clair et net. La petite sœur d'Helena s'en est allée, laissant derrière elle deux enfants : un petit garçon et une petite fille de moins de dix ans. Nous sommes rentrés dans notre village et dans la soirée, je suis revenu à Singrobo pour y passer la nuit. Dans un tel moment de deuil, je ne pouvais pas laisser Helena seule le week end surtout que la nuit allait enregistrer une dernière veillée pour clore les funérailles. A cette veillée, les jeunes comptaient s'amuser et distraire les vieilles personnes et les enfants pour rendre un dernier hommage à celle qui est partie.

A cette veillée, que de spectacles ! Les jeunes ont vraiment rendu un hommage à leur camarade. Qui à travers des imitations de gestes et de paroles que notre petite sœur aimait faire ou dire ! Qui à travers la voix dans sa manière de saluer ! Mais il faut noter que le dernier moment de cette veillée a été difficile à supporter sans écraser une larme. Celle qui savait parfaitement imiter ses gestes et sa voix a fait pleurer toute l'assistance. Le matin, le chef du village et toute sa notabilité sont réunis pour décider que les funérailles sont donc finies. Des membres de la famille se sont chargés de faire le tour du village pour dire merci à certaines personnes qui ont fortement soutenu la famille à organiser les funérailles. C'est un autre aspect de la tradition. J'ai entendu dire que dans la semaine, une autre délégation serait formée pour aller dans les villages voisins et pour dire encore merci pour le soutien.

La valeur du merci est dans la reconnaissance de ce que l'autre vous a rendu comme service. Les Africains se sont toujours montrés reconnaissants vis-à-vis de leurs frères ou sœurs. C'est aussi cela la communauté et la vie en société. Ils se partagent tout ; dans le bien comme dans le malheur. Ils sont totalement et effectivement solidaires, les Africains. Les Ivoiriens et à travers eux les Africains savent sentir les choses de loin. On dit généralement que ceux qui sont proches de la mort répondent plus facilement à l'insensible et à l'invisible qu'aux besoins des humains.

Depuis combien de jours j'ai parlé avec celle qui n'est plus avec nous sans entendre clairement une phrase sortir de sa bouche ? Elle était donc en train de nous dire au revoir ! Ok, c'est bien noté. Ses deux enfants prenaient le temps de me regarder. On n'avait l'impression que le plus grand garçon avait une question ou une préoccupation dans la gorge. Mais il ne savait pas dire clairement les choses.

Après une grande veillée et un programme de remerciement des personnes qui sont venues en soutien clairement établi, nous également on pouvait rentrer chez nous à Abidjan. Et c'est ce que nous avons fait. Helena avait pris le soin de dire à sa grande sœur qui est restée sur place de bien prendre soins des enfants et qu'elle pouvait l'appeler si le besoin était.

Dans son organisation, Helena a pu trouver un jeune pour la gestion quotidienne de son bar communément appelé maquis. Elle appelait chaque jour pour savoir si les choses se passaient bien dans la collaboration avec sa grande sœur et les autres membres de la famille. Il ne se plaignait pas ; c'est que tout va bien. Au bout d'un mois, il fallait faire les comptes. C'est ce jour-là qu'on s'est rendu compte que ce que j'avais écrit comme article Focus au sujet d'un parti politique du pays était également une réalité dans l'entreprise d'Helena. Rappelons simplement que le silence n'est pas synonyme de ce que tout va pour le mieux. Au maquis, il faut le dire, les choses ne vont pas bien. Il y avait deux réfrigérateurs, mais au bilan du jour, il faut noter que l'un est en panne. Helena avait dit à son employé de ne pas donner les bouteilles d'alcool à crédit. Mais la liste des personnes qui lui devaient était insaisissable. Le maquis était doté d'un appareil communément appelé « sono ». L'appareil sono était en panne. Finalement en faisant le compte mensuel, ils se rendent compte que ce qui avait été épargné ne suffisait même pas à régler la facture de courant. Comment pouvoir payer le salaire du travailleur lui-même ? Où aller chercher l'argent pour faire face à la facture d'électricité ? Quoi mettre en poche ? Autant d'interrogations qui sont restées sans réponse. Helena s'est contentée de dire à son gérant de faire le tour de ceux à qui il a accordé ces crédits pour encaisser ce qu'ils doivent car la facture n'était pas négociable.

De retour à Abidjan, Helena se lamentait tous les matins. Je l'entendais se poser la question pour savoir ce qu'elle va utiliser ou bien comment faire pour éponger les dettes au maquis ; comment faire face à la facture d'électricité ? Où trouver les moyens pour payer le salaire de son employé ? Je l'entendais mais ne disais rien. Il me fallait attendre à la fin du mois pour agir. C'est ainsi que dès que les salaires sont à mon niveau, je lui ai donné une centaine de mille pour faire face aux urgences : la facture d'électrique, le salaire de l'employé et ce qu'il faut pour renforcer la boisson. Elle m'a dit tout le remerciement qui vient de son cœur. J'ai pu répondre que le couple, la famille doit être dans l'union, dans la solidarité aussi bien dans les moments de joie que dans les difficultés. « C'est mon rôle d'homme de te soutenir quand tu traverses des moments difficiles. Je suis ton homme, ton premier complice et ton collaborateur. Il n'est pas question que je partage les bénéfices de tes affaires avec toi mais il peut m'arriver d'être sans sous. Tu devras me soutenir dans ces moments difficiles pour ne pas que comme le disent les parents, les gens ou même les voisins sachent que je traverse quelques difficultés. Je considère que j'ai fait mon devoir».

De telles affaires appartiennent strictement à la chambre. On en parle jamais dehors, encore moins en présence d'autres personnes. Les parents et amis de Helena ou les autres membres de sa famille n'en savent rien. L'employé a pu se demander où sa patronne a pris l'argent pour faire face à toutes les charges. Le moins qu'on puisse dire, c'est que tout va bien. C'est dans une telle ambiance, où nous tous lui avons dit qu'il faut désormais éviter de donner certaines boissons à crédit aux villageois, qu'un jour il voulait nous montrer qu'il a bien compris ce conseil et qu'il allait le suivre.

J'étais de passage dans leur contrée pour un week end. Des amis que je me suis fait dans le village sont venus me voir pour discuter un après-midi. Il a fallu simplement que l'un d'entre nous me propose une petite bière pour passer le temps. J'ai accepté en précisant que je compte faire un petit tour à Pacobo pour y saluer certains amis et frères aux environs de dix-sept heures. Nous étions donc installés autour d'une belle table bien garnie. Certaines personnes revenaient du champ et nous saluaient au fur et à mesure. Il a plu à un vieil homme qui passait de me demander les nouvelles d'Abidjan. Notre échange s'est très bien passé. Ce monsieur à qui il est venu à l'idée de dire une petite chose peut-être pour me taquiner. « Mon fils, le soleil m'a tellement chicoté aujourd'hui ; tu n'as pas une bière pour moi ? » a-t-il dit. Je ne pouvais pas rester sans réaction face à une sollicitude pareille. J'ai alors répondu : « Papa, installez-vous pour que le garçon d'ici te donne quelque chose pour calmer un peu le soleil que tu as supporté. » Avant de dire à l'employé de Helena : « Mon Petit, tu veux bien donner une bouteille à mon papa s'il te plait ! » Et je n'ai plus suivi les détails de la suite. Il semble que le vieux s'est mis à l'aise et est parti après. Quand un des véhicules qui assurent le transport des passagers entre les deux villages était prêt, les jeunes qui aident les voyageurs de la zone ont demandé à un enfant de venir me chercher et que c'est moi qu'ils attendent pour démarrer la voiture. Il fallait donc partir rapidement pour pouvoir revenir. J'ai donc dit à mes camarades que je me levais pour environ deux heures. Je partais rapidement avec l'enfant venu me chercher quand l'employé a commencé à crier derrière nous : « Tonton, tonton, tu ne m'as pas donné l'argent de la bière que tu as offerte au papa là ! »

J'ai juste eu le temps de lui dire : « Je reviens ». Puis je suis parti. J'ai appris après que Helena ne lui a pas fait cadeau de m'avoir encaissé à haute voix et devant plusieurs personnes. Elle a pu lui dire que c'est grâce à moi qu'il a perçu sa paie. Elle n'a pas manqué de lui dire que si ce maquis est encore ouvert, c'est grâce à moi. Il fallait lui dire qu'il ne faut jamais m'encaisser ouvertement comme il venait de le faire. Moi, en arrivant dans mon village, j'ai appelé Helena pour lui demander pourquoi son employé s'est permis de m'encaisser la bière que j'ai offerte au papa là comme ça. La bonne femme qu'elle est m'a rassuré qu'elle ne pouvait pas laisser une chose pareille passer sans rien dire.

A mon retour, je lui ai juste demandé : « Comme je t'ai donné un certain nombre de conseils ce matin pour que dans la gestion de votre affaire vous n'ayez pas trop de soucis d'argent, il fallait que tu viennes me montrer que tu as bien compris ? » Il m'a répondu par des excuses présentées. J'ai alors voulu savoir combien je dois payer pour la bière que j'ai offerte au papa. Il me dira : « Non, tonton. Un des messieurs qui étaient là a déjà donné l'argent ». Je lui ai dit « Ok » avant de m'installer sur une des chaises qui étaient là. Helena est venue me faire un compte rendu détaillé après. Je lui ai dit : « Tu vois, c'est pour éviter toutes ces petites choses que je préfère passer les week end dans mon village. Ici, ce village, tout le monde peut être considéré comme ma belle famille. Je ne veux avoir aucun souci avec personne. Je ne veux pas non plus que quelqu'un me manque de respect d'une manière ou d'une autre. Bien sûr que je vais continuer de venir ici ; je ne veux plus qu'on m'encaisse comme ce à quoi nous avons assisté ce matin. »

Elle m'a répondu : « J'ai compris, chéri. Je pense que de telles choses ne vont plus se répéter ici. Sois tranquille chéri. » Et la vie a continué.

Je suis parti juste pour le week end. Il fallait donc que je retourne à Abidjan pour être au bureau le lundi matin. Helena a fini de régler les urgences du village. Elle m'a proposé de venir avec moi à Abidjan. Je lui ai dit le matin de faire notre sac de voyage en même temps. A son frère ainé qui habite la même cour qu'elle, j'ai demandé la permission pour que nous puissions effectuer notre voyage tranquillement.

Notons que Singrobo est un village que j'ai toujours traité avec beaucoup de respect. Le chef du village qui serait un oncle de ma grande famille peut en témoigner. Oncle parce que sa mère serait de ma famille, donc du même village que moi.

A Abidjan, c'est une autre ambiance. Nous habitons le quartier d'Angré ; c'est la commune de Cocody. Notre maison est telle que nous avons des voisins. Bien sûr chacun ayant son portail. Il y a un espace qu'on peut appeler cour commune. C'est en ce lieu que les épouses se retrouvaient les soirs pour discuter. Tous les sujets passaient en instance : Le service ou boulot des hommes, les projets de déménagement des foyers, les voisins qui se retrouvent souvent pour partager un pot ensemble, le marché qui devient de plus en plus cher, la presse qui traite de tous les sujets, des journalistes qui écrivent des choses sans vérification, les funérailles qui reviennent cher aux familles, les instituteurs qui font régulièrement cotiser les élèves, les groupements et camps politiques qui ne se font pas cadeau…

Quand il s'agit de critiquer les autres, il faut compter sur les femmes pour le faire. Chez nous, elles savent vraiment le faire. Je voudrais partager cet exemple avec vous.

Ce jour-là, une petite pluie n'a pas autorisé les femmes à se retrouver dans la cour ; c'est donc dans mon salon qu'a eu lieu la réunion du jour. Etant rentré tôt du travail, juste après la réunion de rédaction, je me suis accordé une sieste. Helena a pensé que je dormais. Elle a donc pris le soin de dire à ses copines : « Il va falloir parler à voix basse car monsieur est rentré du travail et il est en train de faire sa sieste, s'il vous plait. Il va peut-être travailler la nuit ».

L'une d'elles l'a taquinée en lui répondant : « Oui maitresse, on ne va pas bavarder fort aujourd'hui. Vous avez bien compris ce que la maitresse vient de dire. Elle dit que le directeur est couché, donc de ne pas parler comme des sourdes. Je prendrai les noms des bavards que je lui remettrai à son réveil ». Ce petit échange venait de lancer la causerie amicale. Une voisine en profitera pour demander si l'emploi du mot « maitresse » deux fois est une inspiration due au fait que le mari de l'une d'entre elles a une maitresse dehors. Disons que ce sujet va être le titre du premier chapitre ou thème du jour. Helena prenant de nouveau la parole va expliquer ce qu'elle sait de l'histoire des maitresses des hommes.

« Mon mari, lui, n'a pas encore de maitresse. Ça au moins j'en suis sûre. Je le sais parce que j'ai des amis dans son village qui me font le compte rendu régulièrement et fidèlement quand il va au village le week end pour ses activités politiques. C'est vrai que les unités de mon téléphone en souffrent mais c'est aussi l'effort qu'il faut pour sécuriser ma maison ou foyer. Chez nous, il y a un proverbe qui dit que quand tu mets ton igname au feu pour la braiser, si tu ne veux pas qu'une partie brule, ça ne va pas cuire. Dans la vie d'aujourd'hui, chacun se donne les moyens pour sécuriser ses acquis, son foyer, sa famille. Les jeunes filles des villages, elles sont tellement fortes ; elles savent prendre soin des hommes quand ils y vont les weekends. Moi je ne néglige rien qui concerne ma famille ou comment en prendre soins ? »

Et sa camarade Ami, d'une voix forte, d'ajouter : « En tout cas tu as raison. Il ne faut rien négliger aujourd'hui. Il ne faut pas jouer avec certaines choses. Nos hommes là ! Un homme peut se laisser distraire par ces jeunes filles de maintenant là qu'il ne faut pas manquer de vigilance. Moi je ne donne jamais les bouts de papier sur lesquels il y a les numéros de téléphone sans nom que je retrouve dans la poche de pantalon quand je fais la lessive. Quand c'est un numéro important, un numéro d'homme, il vient me demander si je n'ai pas vu un papier dans sa poche. Je lui réponds toujours que si je vois je vais lui donner. Et en général, quand ce n'est pas un numéro à cacher, il raconte les circonstances dans lesquelles il a pris ce numéro. A mon tour, j'invente une histoire et je lui donne après. C'est comme ça, ça marche ! »

C'est tellement intéressant de parler des autres… On oublie souvent le chemin sur lequel on est passé pour avoir celui pour qui on se bat, celui avec qui on est. Mais la parole biblique est aussi claire sur ce sujet. Un homme doit avoir sa femme ; et une femme son homme. Nous n'avons pas l'intention de supporter ou encourager ici des relations parallèles. Il est difficile de croire sans preuve que certains hommes n'ont pas de maitresse. Mais réellement, ça existe.

Je connais un homme, dans mon village, pour qui je peux donner ma main à couper que celui-là, il est sans maitresse. Mieux, l'idée ne lui passe même pas par la tête. J'ai une pleine confiance en celui que j'appelle affectueusement « Tonton Jean ». Il mène une vie tranquille, avec sa femme. Bien sûr qu'ils ont des enfants qui sont devenus grands. Je suis particulièrement attaché à lui parce qu'il aime beaucoup de lire. Il éprouve vraiment un grand amour pour mon journal. Il faut ajouter à cela qu'il m'apprécie bien, et depuis toujours. Il a une manière unique de m'appeler. Chaque fois que je vais au village, dès qu'on se voit, il crie : « Mon intello » ; avant d'ajouter : « Tu es pour moi une fierté ».

Il faut dire que j'éprouve également une fierté vis-à-vis de lui. Il mène vraiment une vie simple au village. Il est surtout attaché à une vie chrétienne pieuse. Il sert sincèrement Dieu sans tambour ni trompette. C'est dans ce service de Dieu exemplaire à l'Eglise Méthodiste Unie qu'il m'a plu de me rapprocher un peu plus de cette église où j'ai parrainé une fête des enfants. Disons-le en même temps.

J'ai connu Hervé aussi dans son service à Dieu. Je le savais Enfant De Cœur quand il était beaucoup plus jeune. Et aujourd'hui encore, il témoigne de cette formation religieuse catholique qu'il a reçue de ses parents ; mais surtout relevons que son oncle est Prêtre. Pour parler comme mon grand-père qui, lui, était Prédicateur Méthodiste, « l'affaire de Dieu dans notre famille, c'est une affaire de Dieu et de sang ». Disons librement du grand-frère Lieutenant Hervé Kacou qu'aujourd'hui encore, il a laissé les indices sociocritiques de son éducation reçue. Qu'il les transmette à qui de droit !

Combien de personnes sont allées sur Internet via Facebok et qui ont réagi à son message adressé d'abord à la jeunesse de votre village ; et aussi, puisque c'est d'Internet qu'il s'agit, au monde entier. Il a écrit certes, mais allons-nous demander combien de fois son cœur a senti et ressenti l'Amour à l'endroit d'un frère comme moi ! Qu'est-ce que j'ai pu ressentir le jour où j'ai vu ce message sur Facebok ?

Hervé Kacou N'dri
24 décembre, 12:03
« SEIGNEUR mon Dieu, ne me fais pas mentir. Ne me donne pas la honte. Car chaque fois que je prie en ton nom, tu exauces ma demande. Voilà bientôt deux semaines que je prie pour ton enfant qui, en ce moment, a plus que besoin de ton secours.

SEIGNEUR, mon Dieu, tu as donné la vue à l'aveugle ; tu as relevé le paralytique ; tu as guéri le lépreux et tu as montré que rien ne t'est impossible en ressuscitant ton ami Lazare.

SEIGNEUR, je te confie l'état de santé de ton enfant car je suis persuadé que tu peux faire quelque chose pour lui. Toi qui es Miséricordieux ; accorde lui la guérison qui vient de toi pour la plus grande gloire de ton nom.
Amen
SEIGNEUR JESUS, j'ai prié pour ton enfant EDO Antoine.

Amen »

Et c'est cette prière que Dieu a écoutée. Dieu a écouté les hommes sur terre qui ont prié. Dieu a écouté les femmes, les mamans sur terre qui lui ont adressé les prières en ma faveur. Dieu a écouté les parents de divers horizons qui lui ont adressé cette prière. Je suis là aujourd'hui.

Non pas parce que je le mérite, mais parce que les hommes ont prié Dieu. Non, je ne mérite pas forcément d'être en vie. Peut-être même que je mérite la mort. Je voudrais le dire avec insistance d'abord parce que je suis un homme. Un homme avec beaucoup de défauts, un homme avec beaucoup de péchés. J'ai su peut-être choisir mes amis et mes fréquentations. Je voudrais que l'on me permette de prendre les cas l'un après l'autre ; de les analyser dans le même ordre et enfin d'en tirer une conclusion.

Je voudrais commencer par tonton Jean. Il semble que toute son identité est Amani Konan Jean. Il a toujours été bien gentil avec moi. Il a aussi travaillé en ville, donc il est un intellectuel.

L'idée qui me vient ensuite en tête concerne celui qu'on appelle respectueusement « Tonton Dominique ». Kouassi Konan Dominique est un aîné qui me témoigne aussi un grand amour et respect.

Je peux ajouter « tonton Emmanuel ». Le doyen Kouassi Emmanuel, très calme, est un des sages de la famille et du village. J'en veux pour preuve qu'il est le chef de notre famille Essui Bomo.

Je voudrais faire un clin d'œil à mes tontons de N'dagnamien tels que Célestin Djaha, Louis Djaha…

Dans ce chapitre, je voudrais me permettre de faire une lucarne spéciale à deux « amis » qui sont en fait des autorités politiques : Kouassi N'guessan Alfred et Bandaman Kouakou Maurice. Je connais le second grâce au premier car il (Alfred) est mon plus grand partenaire. Comme Dieu ne descend pas lui-même sur terre, il est passé par ces deux hommes forts pour de redonner souffle. Je leur dois tout. Amen !

Les amis, les frères et sœurs qui ont appelé Dieu à mon secours sont si nombreux qu'il est difficile, voire impossible de les citer.

« Ma maman de Dabou », madame Amafon née Yapo Essabah Marie, m'a dit combien de fois elle est restée à même le sol à la grotte mariale de l'église catholique de Dabou. Et son époux alors ? Pour dire et mon partenaire alors ?

L'information de mon état de santé a fait souffrir tout le monde.

La seconde prière que je voudrais partager est celle d'un jeune frère qui est ici à Abidjan. A la date précise du 6 janvier 2016, il écrit ceci :

« Bonjour chers Frères et sœurs ; demeurons dans la prière pour notre Frère Antoine EDO ! Dieu est au contrôle ! » **Isaac-August Kakou.**

Et Dieu est resté au contrôle. On sait que Dieu est comme ça. Il termine toujours ce qu'il commence. Les gens sont restés en prière ; et Dieu ne les a pas abandonnés. Pour parler comme Hervé, il ne pouvait pas faire mentir ce frère. Il ne pouvait pas lui donner la honte.

A la date du 19 janvier 2016, Larissa écrit ceci à 20 H:04 mn précises.

« Bonsoir grand frère. Je bénis le nom de Dieu tout puissant pour ton rétablissement. On a eu peur. Encore Yako ! Dieu veille ». **Larissa Adjoumani Dufour.**

Elle avait l'information de ce que j'étais rétabli, Dieu veillant sur moi. Madame Dufour qui vit en France avait l'information de ce que je m'étais réveillé. Disons avec elle Amen !

Le 6 janvier 2016, à 08H:11 **Stéphane Tauthui :** « Antoine EDO, je voudrais savoir comment est-ce que tu te portes suite à ton absence liée à ton état de santé ? Si toujours souffrant, prompt rétablissement mon cher frère et merci aux membres qui sont dans le forum d'aller le voir pour nous informer et l'aider. Merci beaucoup ».

Ce frère est aujourd'hui une autorité en France. Nous nous sommes rencontrés plusieurs fois dans notre village quand nous étions un peu plus jeunes. Il est le fils d'un autre homme connu sur le plan national. Son père était un grand homme. Ce sont donc toutes ces personnes qui ont laissé une note, une prière sur Internet pour demander à Dieu de me permettre encore d'être en vie.

Combien de fois faut-il que je dise merci à Dieu ? Je peux répondre qu'autant de fois que je vivrai. Tous les jours ; le matin, il est bon de lui dire merci de nous permettre de nous réveiller. Tous les soirs, il est bon de lui confier la nuit, le sommeil et tout, absolument tout.

Dieu m'a permis d'avoir aujourd'hui un poste de travail. Le même Dieu a permis que je me réveille un jour à l'hôpital après trois semaines de coma. Trois semaines à attendre que les médecins disent au personnel de débrancher les appareils et que le service des corps se charge de transférer la dépouille à la morgue. Mais non.

Quand le directeur de la polyclinique Indenié a eu l'information que le malade qui vient de faire trois semaines dans le coma s'est réveillé… ; après quelques vérifications, il fallait appeler l'Honorable pour l'informer. C'est comme ça que le téléphone portable du député a sonné. Il a décroché, il a juste entendu : « Honorable, c'est le directeur de la polyclinique du Plateau. Vous pouvez venir s'il vous plait ? ». Dès cet instant jusqu'à ce qu'il arrive au Plateau, que s'est-il passé dans sa tête ? En bon et grand chrétien qu'il est, que se disait-il ? Aujourd'hui le résultat est là.

J'avais oublié là où se trouve mon bureau de ''L'Eléphant Déchainé''. Au bout de deux jours, c'est une information qui m'est revenue seule. Le médecin me l'a dit : « Petit à petit, les choses vont revenir dans ta tête. Biologiquement, tu es guéri. Il n'y a plus rien à faire. Il faut que tu te reposes beaucoup. Allez, portes-toi bien ! »

Aujourd'hui aussi, certains amis avec qui je suis allé à l'école continuent de chômer et de chercher du travail. Mais Dieu a permis qu'après mes études en Maitrise de Lettres Modernes, je cherche et trouve du travail rapidement. Au travail, on a publié ce papier en Focus ayant pour titre « Présidentielles 2020 / Candidature unique RHDP en 2015, oui ; Et 2020 ? »

Partageons le contenu.

- Les vagues de "l'appel de Daoukro"
- Alternance au pouvoir : 2020 n'est pas un acquis pour le PDCI.
- Le jeu des alliances tient-il encore ?
- Le FPI aux aguets : Oui ou non ?

Sont autant de questions que nous allons essayer d'aborder dans ce Focus d'actualité.

Ce qu'il est convenu d'appeler « l'appel de Daoukro » est un sujet qui ne s'épuisera pas de sitôt ; car il y a véritablement matière à débattre. Tant le sujet est d'envergure.

Il n'est en effet point besoin de rappeler que de tels sujets d'intérêt national et d'ordre politique intéressent généralement tout le monde ; même ceux qui chantent sournoisement à qui veut bien les écouter qu'ils ne font pas la politique. Peut-être pour éviter qu'à terme, la politique les fasse !

En prenant donc part à ce débat, il ne s'agira pas pour nous ici de prendre position pour blâmer ou condamner tel camp, ou défendre tel autre au détriment du premier. A travers les lignes qui suivent, nous voudrions simplement inviter plutôt les uns et les autres à examiner la situation générale qui prévaut et les évènements qui la composent d'un œil critique. Au-delà de notre opinion personnelle sur la question. Objectivement et scientifiquement, c'est sous un angle qui s'appuie sur un domaine, disons-le humblement, que nous avons appris des Maîtres qui nous ont permis d'en acquérir les rudiments, la Sociocritique, que nous voudrions conduire notre décryptage.

De la Sociocritique

Notre décryptage analytique va procéder déductivement de certains principes fondés sur l'expérience et sur l'observation précise. Permettez que nous insistions pour dire qu'en fait, notre intention est de bâtir un parcours critique à partir d'une tradition philosophique avérée et adaptée à une méthode nouvelle telle que la sociocritique qui, elle-même, dans ce cas d'espèce, s'appuiera sur la pensée aristotélicienne.

Rappelons donc à toute fin utile que la sociocritique est apparue en France vers les années 1960. En tant que méthode d'approche littéraire, d'analyse d'œuvre et de discours, la sociocritique considère l'œuvre littéraire ou toute autre production de discours politique et économique comme le reflet de la société. Pour elle, aucune œuvre et aucun propos ne sont situés en dehors du jeu social. Pour Pierre Zima, et cela est accessible dans la préface de son œuvre intitulée Manuel de sociocritique, « la sociocritique est une théorie socio-sémiotique du texte littéraire et non littéraire, idéologique, scientifique, etc.». Elle est considérée comme une critique du discours dont les fondements sont orientés vers la sociologie. Comme Zima, Claude Duchet estime que c'est une méthode d'investigation qui vise d'abord les propos tenus : « L'œuvre littéraire reliant la forme, le dehors, le dedans, la sociocritique nous amène à nous interroger sur les idéologies explicites et implicites c'est-à-dire le non dit ; et elle envisage les hypothèses de l'inconscient social du discours… »

En se fondant sur la pensée aristotélicienne, on s'impose donc de tenir compte, ici, de la dimension historique du fameux « appel de Daoukro » ; donc du passé.

De 2010 à 2014 : Regard rétrospectif des appels de Bédié

N'est-ce pas Camara Nangala qui disait dans Révélation que « le néant n'engendre pas » ? Eh bien, ce n'est certainement pas en une nuit de réflexion ou par pure improvisation euphorique que le vieux jeune Président du PDCI, Henri Konan Bédié, a pris la décision d'annoncer qu'il soutient, dans le cadre du RHDP, la candidature unique de son jeune frère Alassane Ouattara à la présidentielle de 2015.

Pour qui suit les révélations de « L'Eléphant » à ce sujet précis depuis 2013, il n'est pas si ardu que ça à comprendre que c'est exactement le schéma révélé par l'infernal quadrupède qui est entré dans sa phase active. Plus récemment encore, «L'Eléphant » disait que depuis le 15 juillet dernier, Bédié a donné son accord de principe au chef de l'Etat, pour la candidature unique et qu'il ne restait qu'à discuter de certaines conditions notamment la Primature où le grand frère Bédié a souhaité voir nommer son « neveu » Niamien N'Goran à la place de Kablan Duncan. Un impénitent du marigot politique ivoirien a vite fait de demander : « Quel rôle précis va donc jouer Ahoussou-Kouadio Jeannot qui, en ce moment, fédère autour de lui les Cadres et Elus Baoulé du Grand Centre ? » Car ce sont au total 19 départements ; ce qui constitue une autre grosse « machine » avec laquelle il faudra compter demain, surtout qu'ils sont en passe de se spécialiser en « faiseurs de rois » ? Le clash Ahoussou-Niamien pointe à l'horizon 2020 ! Est-ce ce qui visiblement gène tant Niamien ?

Si tant est que, comme le dit Bédié, « on ne change pas une équipe qui gagne », pourquoi changerait-on une façon de faire qui marche ? Alors par analogie, nous dirons qu'«on ne change donc pas une pratique qui donne les résultats escomptés ». Bédié a tenu à ne pas prendre seul l'engagement contenu dans « l'appel de Daoukro ».

En effet, ainsi qu'il l'a fait devant (et avec ?) plus de 2000 chefs de village, de canton, de tribu des trois grandes régions du centre de la Côte d'Ivoire, à savoir la Vallée du Bandama, des Lacs et du N'zi Comoé, et devant le roi de Moossou qui se sont tous retrouvés le lundi 15 novembre 2010, dans l'enceinte même de la résidence du Président Houphouët-Boigny à Yamoussoukro, il a tenu à réunir, à l'exception du roi de Moossou qui était hors du pays, la quasi-totalité de ces chefs à Daoukro. Et les moyens n'ont pas fait défaut. A Yamoussoukro comme à Daoukro, le dénominateur commun est le sujet sur lequel porte la communication : La candidature d'Alassane Ouattara dans le cadre du RHDP. C'est donc presque dans les mêmes conditions que celles de 2010 que le 17 septembre dernier, le président du PDCI a révélé officiellement son projet politique à trois dimensions : A court terme : la candidature unique ; à moyen terme : la réunification des partis politiques ; et à long terme : l'alternance au pouvoir.

Mais attention, il y a des éléments qui marquent de façon pertinente la différence :

- A Yamoussoukro en 2010, Bédié s'est adressé directement aux Chefs. Et le canal linguistique utilisé pour communiquer ce jour-là était la langue du terroir : Le Baoulé (ethnie du Centre du pays). A Daoukro, il s'est adressé à Ouattara et aux militants du PDCI.

- A Yamoussoukro, l'adversaire en face était connu : L'intrépide Gbagbo et le FPI, son parti fondu dans une coalition dite LMP (La majorité présidentielle). A Daoukro, l'adversaire pour le moment inconnu est (ou serait) un « irréductible » du PDCI.

- A Yamoussoukro, les quatre grands que sont Konan Bédié, Ouattara Alassane, Mabri Toikeusse et Anaky Kobena s'étaient accordés en amont et étaient tous présents. Ce ne fut pas le cas à Daoukro.

A Daoukro, comme pour témoigner « devant la nation rassemblée et sans détour » de sa proximité et son rapport étroit avec son jeune frère de Président de la République, le grand Bédié s'est adressé à sa majesté Alassane Ouattara par un tutoiement inédit : « (...) Je demandais aux populations de soutenir l'action que **tu** menais avec le gouvernement ; je donne des orientations fermes pour soutenir **ta** candidature à l'élection présidentielle prochaine ; **Tu** seras ainsi le candidat unique… » Une manière de faire qui n'a pas manqué d'apporter de l'eau au moulin de ceux qui, pour le moment, trouvent des arguments pour contester l'appel du Chef.

Il faut dire que le tutoiement à ce niveau-là sonne comme un engagement personnel et individuel uniquement de son auteur; mais surtout révèle le caractère unilatéral de cette décision. Mettant du coup en d'énormes difficultés les cadres et structures désormais « obligés » d'aller s'égosiller devant les militants pour expliquer le bien fondé et après tout la portée politiquement stratégique de ce projet politique. Et pondre des motions de soutiens. Bédié n'aurait-il pas pu procéder autrement ?

Mais comme Guikahué dit qu'« aucun texte du PDCI et aucune procédure du 12ème Congrès n'ont été violés par Bédié, et aucun texte ne sera violé », alors tout va pour le mieux dans le meilleur des partis possibles !

Parce qu'à la vérité, et Bédié le sait, pour des questions d'élection, donc d'expression des hommes dans un isoloir et au moyen d'un bulletin de vote à dépouiller plus tard- là encore suivez mon regard ! - ce n'est jamais gagné d'avance. Dans le centre du pays, il y a un adage qui dit que « le cœur de l'homme est comme une forêt ». On ne peut prétendre le connaître parfaitement. On n'est donc pas à l'abri du danger, des surprises et autres stupéfactions !

Parce que Bédié sait très bien aussi qu'en politique, « tout est possible ; même l'impossible ». Mais comme on dit qu'il voit plus loin que tout le monde…

« On se moque de nous… »

Pour certains, si Bédié a tenu à ne pas prendre seul l'engagement contenu dans l'appel de Daoukro, eh bien il s'en est très mal pris.

Car s'il est une autre manière de faire qui ne manque pas d'apporter de l'eau au moulin de ceux qui ne tarissent pas d'arguments pour contester l'appel du Chef, c'est bien l'arrogance et la suffisance du RDR. De la base à la Direction. Au lendemain de la prestation de serment de Ouattara, quand les militants du PDCI disaient de saint Soro Guilaume qu'insidieusement, il se pressait lentement pour céder la Primature au PDCI, contrairement à l'accord convenu avant l'élection présidentielle toujours dans le cadre du RHDP, ils se sont régulièrement entendu répondre que « le faiseur de roi n'est pas le roi ». L'autre Soro, Tiorna Alphonse, ne peut le nier aujourd'hui.

A une réunion de PDCI à la maison du parti au lendemain de l'appel de Daoukro, une responsable de section s'est un peu lâchée : « Il faut le reconnaître, c'est toujours nous qui faisons le sacrifice. Le président Bédié l'a fait au premier tour et les militants l'ont suivi au second tour. On l'a fait en 2010 pour sauver la Côte d'Ivoire. On a vu la suite. Même aujourd'hui encore, on peut le dire, nous n'avons pas été satisfaits. Sans nous, le RDR ne serait jamais arrivé au pouvoir dans ce pays. Mais à peine ont-ils acquis le pouvoir qu'ils ont commencé à se comporter comme des amnésiques. On se moque de nous. Les militants de ce parti et ceux du FPI. C'est régulièrement qu'ils disent "c'est notre tour". Et le rattrapage est une réalité qui inquiète plus d'un. C'est ce que nous avons combattu chez les autres, les refondateurs. » Rien n'a donc changé ?

Selon cette militante, rien n'a vraiment changé. Et ce ne sont pas les arguments et exemples qui manquent pour corroborer cette proposition. Les cadres du PDCI qui ont eu la chance d'être promus à des postes de responsabilité sont, dans leur quasi-totalité, secondés par des cadres du RDR qui sont investis de plus de pouvoirs que le supérieur hiérarchique. C'est que le rattrapage a plusieurs couleurs. Le Conseil économique et social en est une parfaite illustration. Par ailleurs, la corruption et le clientélisme dans les concours et autres recrutements se portent comme un charme.

 Le FPI, bien aux aguets…

Pour d'autres, et surtout dans cette grisaille politique ivoirienne où il est établi qu'aucun parti politique ne peut prendre seul le pouvoir par une élection, il ne faut pas omettre qu'en politique, il n'y a pas d'alliance contre nature.

Le FPI, ancien allié du RDR dans ce qu'ils avaient baptisé « Front républicain », serait aux aguets et n'hésitera pas à se rallier à nouveau au RDR. Pour narguer et se venger du PDCI qui a trahi le « 100 % Côte d'Ivoire » en 2010 ! Surtout aussi que par manque de réalisme et de lisibilité politique, certains cadres de ce parti pour qui aucun sacrifice ne sera de trop pour aider à faire libérer Laurent Gbagbo, pensent qu'ils ne peuvent continuer à faire la politique sans leur « guide ». Un inconditionnel de la candidature unique - convaincu que « la nature ayant horreur du vide », si le PDCI présente un candidat autre que Ouattara, une branche du FPI dont la désintégration est amorcée, rejoindra le RDR - s'est même interrogé : « Qu'est-ce qui prouve donc qu'en présentant un candidat, on gagnera ? Qui donnera près d'une quinzaine de milliards de FCFA pour la campagne ? » Surtout que c'est Bédié seul qui met la main à la poche !

Le PDCI au pouvoir en 2020 ? On verra bien…

L'argument le plus solide servi aux militants et leaders PDCI pour les convaincre du génie politique et de la vision prophétique du sphinx de Daoukro est le principe de l'alternance à la Présidence de la République après le second mandat de Ouattara. Vous avez dit « alternance au pouvoir après Ouattara » ? Bédié en a une idée : « L'objectif d'une telle candidature est double. D'abord assurer le succès du RHDP aux élections de 2015 et ensuite aboutir à un parti unifié dénommé PDCI-RDR pour gouverner la Côte d'Ivoire. Les deux partis devront établir entre eux l'alternance au pouvoir dès 2020 ». » A-t-il déclaré à Daoukro.

De quoi s'agit-il exactement ? Une fois les partis unifiés si tant est qu'ils désirent effectivement s'unifier, gardent-ils leurs identités originelles et leurs organisations ou les perdent-ils ? Par quel mécanisme désignera-t-on le candidat unique pour l'élection présidentielle de 2020, 2025, 2030, etc. Est-ce par principe ou/et par chronogramme établis, ou suivant des primaires à l'intérieur du parti unifié ? Se sont-ils bien accordés sur le mécanisme et les dates de cette alternance ?

Voici autant de questions et bien d'autres qui restent sans réponses précises et qui risquent très rapidement de mettre à mal le parti unifié à terme. Parce que, à Daoukro, Ouattara n'a jamais dit qu'en 2020, ce sera systématiquement le tour du PDCI. Et le débat qui vient d'avoir lieu à propos du ou des groupe(s) parlementaire(s) RDR, PDCI ou RHDP permet de comprendre que se mettre ensemble n'est pas une chose facile !

A Daoukro, après l'appel de Bédié et pour clore sa visite d'Etat, sa majesté Ouattara a animé une conférence de presse. A la question d'un journaliste de savoir, «le président Bédié a parlé d'alternance en 2020 ; quel commentaire vous en faites ? », écoutons la réponse du futur candidat unique : « Dans sa déclaration, il parle de l'alternance. Il est clair qu'il faut l'alternance puisque moi je ne serai plus candidat en 2020. Donc ce sera un parti unifié. L'alternance, il faut que ce soit une autre personne, je respecterai bien sûr la Constitution. Par conséquent, il n'y aura pas de PDCI, de RDR ou d'UDPCI à partir du moment où il y a un parti unifié, il y aura naturellement une alternance à cette occasion avec quelqu'un qui prendra notre place à cette période-là et bien sûr nous serons là je souhaite, président Bédié et moi, pour aider cette personne ou cette équipe, pour essayer de bien gouverner la Côte d'Ivoire. »

(«L'intelligentdabidjan.ci »,18/9). Une réponse plutôt politique, non ? Mais bon, comme on parle de « réglages », c'est certainement de tout cela qu'il va s'agir pour estomper les velléités de candidatures au RDR. Aujourd'hui encore, c'est toujours une question en suspens !

In fine, l'argument massue brandi par certains se résume à la gestion collective actuelle des affaires au sein du/par le RHDP, rendant du coup le PDCI comptable du bilan de Ouattara. Ce qui en soi n'est pas faux. Mais il faut rappeler que depuis Marcoussis en 2002 jusqu'en 2010, le PDCI, le RDR et les ex-rebelles ont géré ensemble avec Gbagbo. Et cela n'a empêché personne de se présenter à la présidentielle de 2010 et de faire librement campagne. La politique, un bel art, est la juste appréciation des réalités du moment, qui ne trouve sa meilleure forme d'expression que dans le jeu démocratique. Et tout est dans ce mot : DEMOCRATIE.

Que nous réserve 2020 ?

Là est la grande question. Les militants du PDCI, par petits groupes, se disent qu'il y aurait un accord entre les deux grands. Que dirait cet accord ? Répondez : L'Alternance !

Ils te rétorquent que les deux grands (que sont Bédié et Ouattara) ont passé un accord selon lequel le PDCI a soutenu la candidature de Ouattara Alassane au second tour des élections dernières pour qu'après son mandat et celui du RDR, ce parti soutienne la candidature du PDCI aux présidentielles. De mémoire, il semble que « L'Eléphant » a déjà publié de petits secrets à ce sujet. Les débats sont ouverts et bien engagés sur cette question. Les choses deviennent de plus en plus intéressantes quand dans cette nouvelle atmosphère d'insécurité et d'indiscipline mêlée aux revendications des démobilisés. « Lors du mardi Noir à Bouaké ayant causé la mort d'au moins 5 personnes et une dizaine de blessés suite aux affrontements entre démobilisés et forces de l'ordre fidèles au régime Ouattara, les ex-rebelles démobilisés, déçus par Alassane Ouattara, se sont mis à réclamer le retour du Président Laurent Gbagbo de la Cour pénale pour gouverner la Côte d'Ivoire. »(« IvoireBusiness »,24/5/2017).

C'est un schéma qui donne déjà à penser que les élections présidentielles de 2020, pour parler comme les Ivoiriens, « ça va chauffer dêh ! ». Prions Dieu de nous éviter le pire. Amen ! C'est un article qui a déjà été publié dans le journal où je travaille, « L'Eléphant Déchainé ».

Précisons à ce stade de notre propos que c'est dans cette entreprise que j'ai rencontré celui qui est devenu un très bon ami et frère. Son identité est Assouhou Wenceslas. Il a été de ceux qui ont aidé à me sauver. Depuis la première heure de l'accident jusqu'à ce que je retrouve ma conscience, il était là. Lui et une autre de nos collègues et sœur ; elle, Sabine Kouakou, est une sœur bien gentille. Ils ont aidé à trouver du sang et des médicaments pour me donner les premiers soins.

Je suis resté à l'hôpital jusqu'en Mars 2016. En rentrant à la maison, je me demandais pourquoi on ne m'envoyait pas chez moi-même. J'ai été installé chez mon oncle, le Député Alfred Kouassi. Les premières personnes m'ont rendu visite. Je trouvais ces personnes « bizarres » puisqu'elles ne parlaient pas beaucoup. Il fallait certainement éviter de parler de certaines choses pour éviter de dire certaines choses. Tout le monde me cachait le décès de Helena. Il fallait vivre simplement : Prendre le petit déjeuner ; passer à table à midi et le soir, il faut diner avant d'aller au lit. Je passais toute la journée à la maison. Il ne fallait pas sortir. Cette vie était vraiment trop difficile ; au point où dès que j'ai eu toutes les informations qu'on me cachait, j'ai dit à mon oncle que je souhaite aller passer un bout de temps au village pour me reposer. Mon oncle a donné son accord. Le weekend qui suivait ce jour-là, je partirais au village. Nous sommes partis. En arrivant, cette information est allée très vite. La population du village savait que je suis arrivé. Dès le lendemain, les premières visites ont commencé. J'ai eu l'impression que le village était en train de se vider de son monde. Les visiteurs qui sont venus et qui défilaient étaient vraiment nombreux. Je reconnaissais certaines personnes ; mais d'autres m'étaient complètement inconnues. Je savais aussi le nom de certaines personnes ; et d'autres non. Je suis resté à recevoir les visiteurs toute la journée. Et le lendemain, ce fut la même chose. Des notables, des chefs de famille, des présidents de quartier et des présidents de jeunes, des groupes de femmes représentant des associations, des personnes représentant des chorales d'église... Des délégations sont venues d'autres villages.

Qu'éprouvaient ces personnes pour moi ? Quels sentiments les animaient ? De la pitié ? De l'encouragement ou de la haine ? Je n'en sais pas grande chose. Je leur disais merci d'être passé me voir et yako à nous tous. C'est dans une telle ambiance que nous sommes restés jusqu'à ce qu'un jour, on m'annonce que le chef du village de Singrobo compte venir me saluer. J'ai dit alors OK comme réponse. Je ne sais plus exactement mais je pense que le jour choisi est un dimanche puisse qu'il a trouvé mon oncle à la maison. J'étais dans ma chambre quand quelqu'un est venu me faire signe de ce qu'on souhaitait ma présence au salon parce que des visiteurs y étaient. En y arrivant, je me rends compte que c'est le chef de Singrobo qui n'était pas seul. Il est venu avec un de ses jeunes notables qui m'aime bien. Bien sûr qu'un chef ne se déplace pas seul de son village à un village voisin. Après les nouvelles, il m'a dit tout son soutien à mon égard et a voulu savoir si mon repos au village se passe bien.

Quelques Témoignages

S'il y a plusieurs chemins, plusieurs voies pour arriver à Rome, il faut avoir le courage de le dire, il y a aussi plusieurs chemins pour arriver au village de la réussite. Certains y sont parvenus sans passer par l'école dite occidentale, l'école des Blancs.

Dans ma génération d'âge, nous avons été nombreux à aller à l'école. Le système était tel que nous ne sommes pas aussi nombreux à atteindre le stade de Cours Moyens deuxième année dit communément CM2. Sur une trentaine d'enfants inscrits au cours préparatoire première année, ceux qui sont allés correctement et sans faute jusqu'en classe de CM2 sont à peine une dizaine. Passer l'entrée en 6ème et réussir sans faute comme nous autres était un exploit. J'ai un ami, plus âgé que moi, avec qui j'ai effectué ce chemin de combattant jusqu'en classe de Troisième. Et il faut le dire, celui là s'est vraiment battu solidement jusqu'à ce stade-là. Nous n'étions pas dans le même quartier, il était donc difficile d'étudier ensemble ; sauf les weekends, précisément les samedis.

Je tenais à réussir au BEPC pour faire plaisir à mes mamans. J'étais véritablement un bon élève, et mes moyennes à la fin de chaque trimestre en sont la preuve ; 12, 13 et 14 ; et être entièrement boursier en classe de troisième est aussi une preuve de mon travail sans relâche. C'était justement ces bonnes moyennes qui suscitaient la petite peur au ventre, car en général, ce sont les bons élèves qui échouent aux examens.

Mon papa avait institué un système de récompense méritée à la vue de la feuille de copie. Il fallait avoir une note supérieure ou égale à 14/20 pour mériter cinq cent francs CFA. Et je me ravitaillais régulièrement. Etant donné que je suis le plus grand enfant de la maison, il conviendrait que je donne aussi le bon exemple. Il fallait surtout éviter d'être comme un de mes jeunes frères qui se nommait Ouattara. Il était trop intelligent pour être loyal.

Il montrait à qui veut ses feuilles de copie dont les notes n'étaient presque jamais inférieures à 14. Mais à la fin du trimestre, il n'avait jamais la moyenne c'est-à-dire que sa moyenne générale était inférieure à 10. Vous y comprenez quelque chose ? Et bien, c'est simple ! Il nous cachait ses mauvaises notes. Un autre, à qui Ouattara avait certainement expliqué son système, avait commencé à lui ressembler. Mais nous autres, je veux dire les autres enfants de la maison, nous sommes restés sereins.

Et notre papa étant lui-même un enseignant, cette supercherie de Ouattara et son frère dans ce système de tricherie ne pouvait pas aller au-delà de deux trimestres. On avait tous compris qu'il s'agissait d'une malversation. Ils devenaient ainsi les ennemis de tous les autres enfants de la maison puisque papa a tenu compte de cette attitude malsaine de Ouattara et son binôme pour prendre la décision de suspendre les récompenses méritées liées aux notes.

Maman soutenait cette ferme décision de son époux. Avec la même fermeté, elle veillait à son application stricte. Elle accompagnait les notes suivantes avec des commentaires amèrement satiriques. Et nous comprenions bien.

C'est dans cette ambiance bonne pour les uns et amère pour les autres que nous avons passé le temps des années, jusqu'à ce que j'atteigne la classe de terminale. Ma série scientifique m'invitait au travail sans relâche. Ayant suivi les cours régulièrement en seconde C et en première D, je suis arrivé à cette classe de terminale D avec une certaine confiance et le rêve d'avoir un parcourt sans faute. J'ai entendu dire que pour réussir le BAC, il faut avoir fait une bonne classe de Première. Or j'ai passé une année tranquille en classe de première D où j'étais le deuxième de la classe de façon générale. Nous avons pris du plaisir à aller à l'école, à étudier et à étaler un peu notre intelligence. On se discutait toutes les matières Mathématiques, sciences physiques, sciences naturelles, Philosophie… Mais il n'y avait aucun débat sur une chose, sur une matière / Français. Il était connu et su de tous que le premier de la classe, c'est bien moi. Et les professeurs de français avaient fini par se rattacher à moi à parce que j'accordais de l'intérêt et l'importance à la matière. Ce sont toutes ces choses qui donnaient de la qualité à l'élève.

Ayant passé une bonne année scolaire, il fallait aller à l'examen du baccalauréat. Les élèves avaient leur langage commun et particulier pour exprimer toutes ces choses proches des examens à deux facettes comme s'il s'agissait de vie ou de mort. Le langage et l'expression varient en fonction du temps. On disait qu'il faut préparer l'examen. Cela revenait à étudier fortement pour espérer et s'assurer réussir à cet examen sans grand souci. Et c'est ce que nous avons fait. Nous avons, et ce terme était d'actualité, préparé sérieusement l'examen en groupe. Nous étions quatre. Une fille et trois garçons. Quatre personnes bien décidées à avoir le Bac pour aller à l'université. C'est ce qui s'est effectivement passé.

Nous avons décroché le BAC sans souci. Mais nous ne sommes pas tous allés à l'université. La fille du groupe s'est présentée au concours du Cafop auquel elle a été reçue. Elle est donc devenue Institutrice. Un autre, Tidiane, a choisi la voie des grandes écoles. Au bout de trois ans, il a décroché un diplôme et ses parents l'ont aidé à avoir un poste dans une entreprise de la place. Eugène et moi-même sommes allés à l'université nationale de Cocody. Eugène a été orienté en Sciences économiques et moi, en Lettres Modernes. Je crois qu'on peut le dire aujourd'hui, nous avons eu dans l'ensemble de bons parcours et les chutes sociales ne sont pas mauvaises.

Durant ces années d'études, nous nous voyions régulièrement. Aujourd'hui encore, On peut le dire, nous sommes de bons amis. Le seul hic est qu'on ne sait pas du tout ou est passée la fille, certainement devenue femme. Après son Cafop, nous les hommes ne savons pas dans quelle localité du pays elle a été affectée. En fait, c'est aussi la fin d'un couple en constitution. Mais la jeunesse de notre âge à cette époque-là nous rendait plus soucieux à construire nos vies individuelles qu'à chercher à reconstituer un couple de lycée.

Il faut le dire, Tidiane avait plus de possibilités de réussir que nous ; pour la simple raison que son père était un haut cadre de l'administration. Il était non seulement informé des ouvertures sociales à venir, mais surtout il était suffisamment nanti pour soutenir financièrement son fils dans les études supérieures. Aujourd'hui, on dira que c'est le fils d'un gourou.

Question : « Que signifie : Jésus sauve ? »

Réponse : « Jésus sauve » est un slogan qu'on voit souvent sur les autocollants de pare-chocs, sur les panneaux lors de manifestations sportives et même sur des bannières traînées dans le ciel par de petits avions. Malheureusement, peu de ceux qui le lisent comprennent vraiment pleinement ce qu'il signifie. Ces mots sont d'une puissance et d'une vérité incroyables.

Jésus sauve, mais qui est Jésus ?

La plupart des gens savent que Jésus est un homme qui a vécu en Israël il y a 2 000 ans environ. Pratiquement toutes les religions du monde voient Jésus comme un bon enseignant et/ou un prophète. C'est certainement vrai mais ceux qui ne vont pas plus loin ne saisissent pas qui il est réellement, ni pourquoi et comment il sauve. Jésus est Dieu sous forme humaine (Jean 1.1, 14), Dieu venu sur Terre comme un véritable être humain (1 Jean 4.2). Dieu s'est fait homme en Jésus pour nous sauver. Cela nous amène à la question suivante : pourquoi avons-nous besoin d'être sauvés ?

Jésus sauve, mais pourquoi avons-nous besoin d'être sauvés ? La Bible déclare que tout être humain qui ait jamais vécu a péché (Ecclésiaste 7.20, Romains 3.23). Pécher, c'est aller à l'encontre de la sainteté parfaite de Dieu. À cause de notre péché, nous méritons tous le jugement de Dieu (Jean 3.18, 36). Dieu, qui est parfaitement juste, ne peut accepter que le péché et le mal restent impunis. Puisque Dieu est infini et éternel et que tout péché est en définitive un affront contre lui (Psaumes 51.4), seul un châtiment infini et éternel est suffisant. La mort éternelle est le juste châtiment du péché. C'est pourquoi nous avons besoin d'être sauvés

.

Jésus sauve, mais comment sauve-t-il ?

Puisque nous avons péché contre un Dieu infini, des individus finis (nous) devaient payer éternellement pour leurs péchés, ou une personne infinie (Jésus) devait payer une fois pour toutes pour nos péchés. Il n'y a pas d'autre option. Jésus nous sauve par sa mort à notre place. En la personne de Jésus-Christ, Dieu s'est sacrifié pour nous, prenant sur lui le châtiment infini et éternel que lui seul pouvait subir (2 Corinthiens 5.21, 1 Jean 2.2). Il a pris la punition que nous méritions, afin de nous sauver d'une destinée éternelle épouvantable : le juste châtiment de nos péchés. Dans son grand amour pour nous, Jésus a donné sa vie (Jean 15.13) en rançon pour nous, pris sur lui le châtiment que nous méritions, mais ne pouvions payer. Il est ensuite ressuscité, prouvant que sa mort était réellement suffisante pour nos péchés (1 Corinthiens 15).

Jésus sauve, mais qui sauve-t-il ?

Jésus sauve tous ceux qui acceptent son don du salut, qui mettent toute leur confiance en son sacrifice seul pour leurs péchés (Jean 3.16, Actes 16.31). Bien que le sacrifice de Jésus était parfaitement suffisant pour payer les péchés de l'humanité tout entière, Jésus ne sauve que ceux qui ont personnellement reçu ce précieux cadeau (Jean 1.12).

Si vous comprenez maintenant ce que signifie : « Jésus sauve » et que vous vouliez vous confer en Lui comme à votre Sauveur personnel, assurez-vous de comprendre et de croire ce qui suit, puis adressez cette prière à Dieu : « Dieu, je sais que je suis un être pécheur et qu'à cause de mon péché, je mérite d'être éternellement séparé(e) de toi. Même si je ne le mérite pas, je te remercie de m'aimer et d'avoir pourvu au sacrifice pour mes péchés par la mort et la résurrection de Jésus-Christ. Je crois que Jésus est mort pour mes péchés et je mets ma confiance en Lui seul pour me sauver. Aide-moi dès à présent à vivre pour toi et non pour le péché. Aide-moi à vivre le reste de ma vie dans la gratitude pour le salut merveilleux auquel tu as pourvu. Merci, Jésus, de m'avoir sauvé(e) ! »

Avez-vous pris une décision pour Christ suite à ce que vous venez de lire ici ? Si oui, cliquez sur le bouton ci-dessous : « J'ai accepté Christ aujourd'hui. »

Un mort ressuscité lors d'une assemblée d'église

Novembre 2001: le Pasteur Daniel se tue en voiture. Deux jours après, il revient à la vie et sort de son cercueil. Ce titre était à la une du journal nigérian « The Post Express ».

Est-ce que c'était vrai, un miracle divin ou une exagération de presse sensationnaliste?
Jésus disait : « Quand même quelqu'un ressusciterait des morts, ils ne croiront pas ». Jugez par vous-même. L'évidence des faits est là, sans ambiguïté. Mais sur le coup, les journalistes restèrent stupéfaits.

Le matin du 30 Novembre 2001, Daniel EKECHUKWU, le pasteur de l'Eglise évangélique « Chapelle de la Puissance » à Onitsha, avec son ami Kingsley IROUKA emmenaient en cadeau de Noël une chèvre à son père dans un village près de la ville de Owerri. Daniel conduisait sa voiture Mercédès 230 de 1981. Sur le chemin du retour, sur une route étroite les freins de la voiture Mercédès lâchèrent. Daniel ne put rien faire. Le véhicule fou se mit à prendre de la vitesse et était incontrôlable. Son ami et lui s'écrasèrent contre un pilier de pierre. N'ayant pas de ceinture de sécurité, Daniel fut catapulté violemment. Sa tête heurta le pare-brise, le volant et son moyeu lui enfoncèrent le thorax. L'ami de Daniel, Kingsley, choqué bien que peu blessé, se tourna vers Daniel espérant que tout allait bien; mais sa vision fut tout autre. Du sang lui sortait du nez à cause d'une blessure crânienne et il vomissait du sang dû à une hémorragie interne. Les secours arrivèrent. D'une façon merveilleuse Daniel put se lever et s'installer dans le « local de soins intensifs » de l'hôpital nigérian. Sa femme, Nneka, arriva sur les lieux, elle trouva Daniel encore entre la vie et la mort. Il s'accrochait à la vie suffisamment pour lui demander de l'emmener à l'hôpital de son médecin à Owerri -grave erreur – ce n'était rien de moins qu'un trajet d'une heure et demie. Quelques minutes après avoir été mis dans l'ambulance, Daniel se sentait mourir. Il essaya de murmurer ses derniers mots et instructions à Nneka. Tout spécialement, il la supplia de continuer leur travail d'église. Il essaya aussi de l'informer d'une ou deux situations dans leur église dont elle aurait dû être au courant, mais ses paroles s'amenuisèrent, devinrent incohérentes et s'arrêtèrent alors qu'il tombait dans l'inconscience.

Le conducteur de l'ambulance ne ralentit pas et, à pleine vitesse, il continua toutes sirènes dehors. Ils pénétrèrent dans l'hôpital régional d'Owerri, en criant : « Urgence! Urgence! » Le médecin de Daniel, cependant, n'était pas en service. A sa place, un membre de l'équipe médicale, prit en charge Daniel et l'examina. Il se retourna avec un visage triste. Il ne put que certifier que Daniel était déjà mort. Sa femme Nneka bien sûr, était choquée. Mais il résonnait en elle un verset biblique d'Hébreux 11. « Des femmes ont retrouvé ressuscités leurs enfants qui étaient morts. » Une conviction irrationnelle la saisit. Ce verset la concernait. Elle reverrait Daniel vivant et à nouveau en bonne forme à nouveau. De ce qui allait suivre, Nneka fut un personnage clé.

Dans sa tête, ce texte lui rendait impossible à elle d'accepter la pleine évidence que Daniel était parti ou bien qu'on l'inhume. Son agitation dictait que quelque chose fût fait. Ils se dépêchèrent d'aller voir l'oncle de Daniel, Emmanuel OKORONKWO qui habitait près de l'hôpital et lui demandèrent où se trouvait le médecin de famille. Il ne savait pas, mais les conduisit à son propre médecin, Docteur Jossy ANUEBUNISA à la clinique St Eunice. Daniel fut emmené là, et devant la détermination de Nneka, on l'examina à nouveau. Il ne put que constater que la mort avait eu lieu. On l'enregistra à 23H30, le jour de l'accident de voiture.

Le médecin écrivit alors son bulletin de décès pour le patient et il demanda si la famille désirait qu'on le laisse dans la morgue de la clinique. La famille dit que non. Ils préféraient emmener le corps de Daniel dans le village près d'Owerri, puis de là, jusqu'à la morgue de l'hôpital général d'Ikeduru, pas très loin. Le gardien funéraire, Mr R. Manu BARLINGTON, refit des vérifications d'usage ce qui nous amena à passer une heure du matin, le samedi. La morgue n'ayant aucun équipement réfrigérant, le gardien administra l'injection chimique habituelle et se prépara à embaumer le jour suivant. Avec un autre employé, ils placèrent le corps dans la chambre mortuaire entre deux autres personnes décédées. Chacun se retira ensuite pour la nuit.

C'est alors qu'il y a eu les premiers signes de quelque chose d'étrange. Le responsable du funérarium fut réveillé par ce qu'il appela « des chants d'église » et cela venait du lieu où étaient les corps. Il se leva et alla voir ce qu'il se passait, mais le chant cessa. Il était troublé car il ne trouva personne près du bâtiment. Il retourna se coucher. De nouveau, il entendit un son clair, et de la musique avec des mains qui tapent. Pratiquement sûr maintenant que cela venait de la pièce mortuaire elle-même, il se leva, y entra et regarda partout. De nouveau les chants s'étaient arrêtés. Personne n'était là sinon les corps sans vie. Très perturbé il s'en retourna. Encore, et pour la troisième fois, il y eut de la musique. Très réelle. Cela l'effraya. Paniqué, il conduisit jusqu'au village voisin, et alla trouver le père de Daniel. - « Le corps de votre fils doit être enlevé du bâtiment. » Insista-t-il, « cela a créé une sorte d'étrange phénomène. » Le père assura le responsable mortuaire que c'était parce que son fils était un homme de Dieu. Après cela, le fils décédé fut laissé où il était au funérarium, toute cette nuit-là jusqu'au matin et toute la journée du samedi. Les gardiens du funérarium n'entendirent plus de musique de chorale durant le reste de la journée. Pendant ce temps, la femme de Daniel, convaincue que son mari revivrait, voulut que son corps soit emmené à l'église de Onitsha où l'évangéliste international, Reinhard BONNKE, devait parler pour une cérémonie de fondation des ministères « GRACE de DIEU ». Le père de Daniel déclara cependant qu'il était mormon et que c'est lui qui allait décider. Il dit qu'il allait frapper son fils sept fois avec sa Bible et que si celui-ci ne revenait pas à la vie, alors Nneka devait accepter le fait qu'il ne ressusciterait pas des morts et devrait clore le sujet. Il partit vers le corps de son fils et le frappa à sept reprises comme il avait dit, mais sans résultat.

Nneka, étant Chrétienne, considéra qu'un mormon ne pourrait pas comprendre. L'action de son beau-père ne voulait rien dire d'autre que court-circuiter la foi de Nneka. Mais elle n'abandonna pas. Elle insista devant son beau-père: « Daniel doit être emmené à la réunion de BOONKE. » Il réalisa que s'il refusait cette faveur, elle se souviendrait pendant toute sa vie qu'il avait négligé cette requête en faveur de son mari et il finit par changer d'avis.

Le jour suivant, Dimanche 2 Décembre, ils sortirent le corps de la morgue. Mais le responsable s'inquiéta au sujet de leurs intentions. Il devait dissimuler qu'un corps avait été emmené, pour un trajet d'une heure et demie de route vers Onitsha. Pour ce faire, il habilla le corps comme pour des obsèques, le plaça dans un cercueil blanc et le ferma. Ils emmenèrent Daniel.

En arrivant à la grande église d'Onitsha, ils trouvèrent l'Officier de Sécurité d'Etat et aussi le service d'ordre de l'église. Quand ceux-ci les virent arriver avec un cercueil, ils leur demandèrent de faire demi-tour immédiatement. Mais Nneka était cependant déterminée. Elle insista pour que le cercueil soit admis dans l'église elle-même. Devant cette agitation, l'Officier de Sécurité vérifia que le cercueil contenait bien un corps et qu'il ne s'agissait pas d'une ruse de terroriste pour introduire une bombe. Ne trouvant qu'un corps livide, il donna son accord. Cependant, l'idée d'amener un cercueil ou un corps sans vie dans une église bondée créa la consternation et un remue-ménage. Finalement, le pasteur Paul Jr, fils du responsable des lieux, alla demander la permission à son père pour qu'on puisse amener le corps dans le bâtiment, mais la condition était que cela se passe dans la partie réservée aux enfants. Les enfants furent déplacés dans une salle inférieure et le corps fût amené dans la salle du haut et déposé sur une table. Le pasteur Paul et un autre pasteur de la congrégation, Bathcomery NKWANDO, assistèrent à cela et constatèrent que tous les membres de Daniel étaient raides. Deux autres pasteurs, Lawrence ONYEKA et Luc IBEKWE les rejoignirent pour garder le défunt. Pendant ce temps, Reinhard Boonke ignorait la situation et était en train de prêcher et de prier dans l'assemblée.

Au bout d'un moment, les pasteurs remarquèrent un léger sursaut sur le corps, au niveau de l'estomac. Puis le corps effectua un spasme, et une respiration par à-coups prit place dans la poitrine de Daniel. Encouragés, les pasteurs se dépêchèrent de prier, déshabillèrent le corps de sa tenue mortuaire, lui ôtèrent chemise et chaussettes et commencèrent un massage de la tête aux pieds. Daniel était, dirent-ils, « aussi raide qu'une barre de fer ». Ils demandèrent qu'on amène des ventilateurs pour apporter plus d'air. Alors que la nouvelle se répandait dans tout l'auditoire, cela créa une scène d'hystérie. Puis, dit le pasteur Lawrence, à 17h15 ce dimanche après-midi, pratiquement 2 jours après que la mort ait eu lieu, Daniel ouvrit les yeux, s'assit et s'appuya sur Pasteur Lawrence.

La foule commença à s'amasser dans le hall, pour voir « l'homme ressuscité ». Pasteur Lawrence craignait que Daniel n'ait assez d'oxygène, aussi il le releva et l'emmena dans la chapelle à côté. Daniel parla pour la première fois : « de l'eau, de l'eau ». Ils lui en donnèrent en petites quantités puis du thé chaud. Pour lui donner de l'espace, ils l'assirent sur une chaise de l'estrade, où des centaines de fidèles ont pu le voir se rétablir lentement. Il n'avait toujours pas retrouvé tout son esprit et, pendant un temps, il ne reconnut pas même son fils qui était monté le voir. Cependant, les

choses progressèrent, et, au bout de quelques heures dans la soirée, il se trouva pleinement conscient et cohérent. Il devint un prodige, et les foules allèrent le visiter; c'est pourquoi il fut transféré dans un endroit secret pendant quelques jours pour reprendre des forces physiques. Celui qui avait été mort, non seulement ressuscita, mais aussi guérit des blessures qui lui avaient provoqué le décès et on n'en trouva plus aucune trace.

Reinhard BOONKE, lui, avait pu partir rapidement ensuite car il prenait son avion. Peut-on douter encore?

Ce sont quelques faits incontournables. Pendant deux jours, Daniel n'a pas respiré et, de plus, son cœur était arrêté. C'était sous un climat chaud, pas dans une chambre froide. Il a subi une forte injection chimique pour retarder la destruction de son corps. Etant un cadavre, il a subi les transports et, qui plus est, il est resté confiné dans un cercueil étroit, sans air , durant des heures. Il devrait avoir de sérieux dommages cérébraux ; mais non, il est vivant et sans aucune séquelle.

Il ne s'agit pas ici de clamer qu'on a ramené quelqu'un à la vie d'une façon privée, comme par exemple dans une maison. Il s'agit ici d'un évènement public, une démonstration de la résurrection des morts.

Si jamais on doit citer quelqu'un, c'est Nneka. Seule sa foi inébranlable a évité l'enterrement de son mari, car elle l'a emmené à l'endroit où elle a cru qu'il pourrait retrouver la vie. Elle considérait Reinhard BOONKE comme un homme de Dieu et que dans l'atmosphère de foi où il prêche, ce miracle serait possible.

C'est la foi de Nneka qui dirigea tout l'évènement et sa foi fut honorée. Par qui? Qui honora sa foi? Si ce n'est pas Dieu, qui est-ce?

Reportage de Robert MURPHREE et George CANTY Revue « Telegram Revival Report » Janvier 2002.

Cet évènement s'est produit lors de la Campagne d'Annonce de l'Evangile au Nigéria, fin Novembre 2001.

Quelques jours auparavant, des fanatiques musulmans avaient essayé d'arrêter le déroulement de cette conférence. Ils étaient allés chez Mr ARANSIOLA, de nuit, et avaient sorti son fils Sunday dans la rue. Ils l'avaient forcé à confesser qu'Allah est grand et comme celui-ci avait répondu « Jesus is Lord », « Jésus est Seigneur », ils l'ont roué de coups de pieds et poignardé à mort. Sunday était chrétien, engagé dans l'équipe de louange et est donc mort en martyr à 25 ans.

La campagne d'évangélisation, quelques jours après, a vu venir 4 millions de personnes.

Transmis par L. ROMERO

Source : The Post Express

« Ce qui a changé dans ta vie ? »

Au cours de la rencontre des nouveaux baptisés à la basilique Sainte-Clotilde, Danielle Brunon témoigne de ce qui a changé dans sa vie.

C'est au seuil de ma vie chrétienne en Eglise, quelques semaines après le baptême, que j'ai fait mon premier pèlerinage en Terre Sainte. Cinq ans plus tard, je reviens du second. Il m'a été demandé de témoigner sur le baptême en répondant à la question : qu'est-ce qui a changé dans ma vie ? Et c'est précisément au retour de ce deuxième pèlerinage, alors qu'il m'est donné de voir que le temps du néophyte cède la place au temps de l'approfondissement, que ce témoignage m'est demandé.

Quelles sont donc les grandes découvertes, les ouvertures vécues par la néophyte dans l'Eglise que j'ai été ?

La première dimension concerne les sacrements. Si j'étais animée d'un grand désir de Dieu, d'une affinité profonde avec les Ecritures et d'une attirance difficile à admettre pour l'Eglise avant le baptême, la messe quotidienne et la pratique régulière du sacrement de réconciliation m'ont en quelque sorte façonnée au Christ. Très concrètement et de manière absolument surprenante, j'ai été libérée progressivement de certains traits de caractère, de pensées sombres, de doutes, de peurs. Et le cœur de chair se fortifie. Des pardons qui semblaient inconcevables deviennent possibles, un regard plus miséricordieux surgit, une douceur que je ne me connaissais pas.

Ainsi, premièrement, ce qui a changé dans ma vie, c'est l'être intérieur de plus en plus disposé, par la puissance des sacrements, à accueillir l'Esprit.

Ensuite la prière. Ce fut un combat. En dehors de la prière profonde et puissante à l'occasion de la communion eucharistique, je n'arrivais pas à trouver un rythme régulier de prière personnelle. Il m'a fallu cinq ans pour enfin avoir un coin prière dans ma chambre et pour avoir enfin trouvé une quasi-quotidienneté dans la prière du matin. Petit à petit tout s'enracine dans la prière et tout y revient. Les journées fécondes sont toujours enracinées dans la prière. Elle est parfois étriquée, et les journées s'en ressentent, et parfois elle a souffle et dimension et elle insuffle toute la journée, toutes les paroles, les gestes, les rencontres, les silences. La prière est un des lieux-clés de l'approfondissement qui s'ouvre désormais.

La parole. Je lisais la Bible assez régulièrement avant le baptême. Mais elle était ponctuelle. Elle est devenue quotidienne, permanente. Aujourd'hui je sens qu'elle façonne tout mon être. Elle était horizon. Elle est devenue chemin. Chemin parfois difficile mais praticable. Je la lisais seule. Aujourd'hui, même si elle me concerne personnellement, je la vis en Eglise.

L'Etude. Dès la rentrée 2003, j'ai abandonné un doctorat de linguistique et j'ai démarré des études de théologie en Belgique, en travaillant à mi-temps à Paris. Études de l'AT et NT, théologie morale, histoire de l'Eglise et des dogmes, Christologie, Trinité, Sacrements, Liturgie, Littérature Chrétienne, Patrologie, Philosophie. Tout était découverte absolue. J'ai pris conscience du « black-out » total du monde universitaire moderne, en lettres par exemple, sur l'univers de la foi chrétienne. J'ai découvert que j'étais au fond, une illettrée qui ne le savait pas.

La redécouverte du monde chrétien, c'est-à-dire de notre civilisation. J'ai grandi à Rome. J'y suis retournée après le baptême, ainsi qu'à Florence, Venise. J'ai assisté à ma première messe en Italie, à Rome à la Basilique Saint Clément. Une ville que je croyais connaître qui s'ouvrait à moi dans toute sa splendeur spirituelle. Comment pouvions-nous vivre si aveuglés, nous qui nous considérions cultivés ?

La découverte du sens de chaque jour. Découvrir la vie des Saints. La Litanie des Saints, que j'ai entendue le jour de mon baptême, n'était pas très parlante alors. Cette année, je l'ai entendue et soudain je me suis rendue compte que chaque nom évoquait une vie, un grand moment d'Eglise qui m'était désormais très cher. J'ai découvert la communion des Saints.

Vivre l'année liturgique dans la foi. Impossible de vivre les grandes fêtes comme avant. Noël n'est plus une histoire de foie gras et de champagne. C'est avant tout l'histoire de la naissance de notre Sauveur. Trouver une belle manière de vivre vraiment Noël. Il m'a fallu plusieurs années. La Pentecôte, l'Annonciation, l'Ascension, enfin, tous ces grands moments jalonnent désormais mon existence. Comment est-ce possible que je ne vivais ces jours auparavant, que comme un lundi ou un mardi ?

La vie paroissiale. Un quartier qui s'éveille car nous partageons l'essentiel. Des dimanches qui prennent sens. Ce n'est plus un jour… « vide ». C'est le jour du Seigneur, tout illuminé de sa présence. Le dimanche n'est plus jamais un jour triste, même s'il est un peu solitaire parfois. Une chorale qui me donne à connaître tout un héritage musical chrétien, à l'habiter, l'interpréter, le transmettre. Un curé qui nous connaît, qui veille, qui a besoin de nous comme nous avons besoin de lui. Un lieu de ressourcement, de rayonnement, de responsabilité aussi. Une paroisse devenue véritablement famille.

Un dénouement dans la vie. Les personnes de l'entourage qui étaient nuisibles disparaissent ou en tout cas, perdent prise. Les soucis matériels trouvent un dénouement. Même si rien n'est très facile, en réalité, des ouvertures sont là qui permettent de détecter à chaque moment la puissance de la Providence. Tous les soucis (il n'y en a pas moins après le baptême, c'est sûr) peuvent se vivre autrement, dans la foi, dans la confiance.

Au fond, ce qui change et qui à son tour change tout, c'est la présence du Christ au cœur de ma vie, sur tous les plans. Et le grand paradoxe est que la réponse à cet appel, cet accueil de l'engagement du baptême ne détruit rien – sauf les puissances du mal – mais récapitule et transfigure toute une vie, permettant de trouver l'unité, le socle, le cœur même de l'existence.

Ce qui a changé ? Toute la vie, dont je ne savais pas qu'elle somnolait, s'est réveillée. Le temps est habité, l'espace – les lieux – sont habités, tout être est habité. L'allégresse de l'espérance m'habite. Nous pouvons traverser la souffrance : la nôtre et celle des autres. Il nous est impossible désormais de désespérer. Le mal n'a pas disparu mais nous sommes à même de le détecter alors qu'auparavant nous nous laissions si naïvement prendre dans ses filets. La mort est devenue passage et non plus tragédie insupportable. L'ennui est impossible : nous nous savons désormais corps du Christ, chacun dans sa spécificité appartenant à ce corps en marche qu'est l'Eglise. Tout acte, toute parole, toute pensée prend sens et consistance en vue de ce pèlerinage terrestre. L'abîme du non-sens a disparu. Ainsi, la vie a pris sens, elle se vit en présence de Dieu. Elle ne s'écoule pas jour après jour dans une série d'activités mais elle est don précieux qu'il nous est demandé de faire fructifier dans l'Esprit pour l'avènement du Royaume. Eh bien ça, ça change la vie.

Une personne décédée "ressuscite" au CHU de Bordeaux

2 Juin 2011 , Rédigé par Authentiqua

«On allait donner le permis de tuer notre mère», répète sans cesse Sébastien en évoquant l'incroyable mésaventure dont a bien failli être victime sa mère. L'histoire, révélée mercredi par le quotidien Sud-Ouest fait froid dans le dos.

Lydia, une femme de 60 ans, se présente lundi dans une clinique de la banlieue bordelaise pour subir une chimiothérapie. Peu après le début du traitement, son état se dégrade et elle sombre dans le coma. Le médecin constate un accident cérébral et prévient la famille que non seulement «le pronostic vital est engagé», mais que Lydia «ne pourra pas revenir». Pire, les médecins préviennent les enfants qu'ils vont devoir donner l'autorisation de «débrancher la machine» qui maintient leur mère en vie. C'en est trop pour les proches qui obtiennent le transfert de la patiente vers le CHU de Bordeaux. Et c'est là que se produit l'impensable. Déclarée «cliniquement morte», Lydia se réveille enfin, 14 heures plus tard et est même capable de tenir une conversation. Un miracle qui plonge sa famille dans le soulagement, mais aussi la colère. Aujourd'hui ils veulent comprendre comment une telle méprise a pu se produire. Les médecins

évoquent «un cas rare, extraordinaire».   Ils évoquent la possibilité d'une «crise d'épilepsie donnant l'apparence de la mort».

Nous savons tous que lorsqu'on ouvre des cercueils, on retrouve des traces d'ongles sur le bois de quelques cercueils, des morts qui ont "ressuscité" au cimetière... Ces "ressuscités des cimetières" ne vont que mourir dans leur cercueil, une mort terriblement atroce. Ce n'est pas si exceptionnel que cela. Le diagnostic de mort n'est pas si évident... Il faut être honnête, les médecins ne savent pas toujours faire le distinguo entre une mort et un état qui simule la mort, notamment dans le cas des graves hypothermies.

Cette dame a la chance extraordinaire d'avoir une famille aimante qui ne s'est pas précipitée sur l'héritage.

L'équipe médicale qui a pris en charge cette femme au CHU de Bordeaux mérite que l'on salue son courage, aller à l'encontre du diagnostic de "mort" des "chers confrères" n'est pas monnaie courante...

On devrait être plus prudent avant de diagnostiquer la"mort", faire preuve d'un peu moins de légèreté et passer des scanners au moindre doute pour confirmer ou infirmer le diagnostic.

J'espère que Lydia va vite se remettre de ce très mauvais diagnostic, qu'elle va prendre le parti d'en rire, qu'elle ne va pas être trop traumatisée.

Le Seigneur m'a ressuscité

1. Une interview à Boris – un officier du ministère de l'Intérieur, en Ukraine.

Qui était avant sa mort

INTERVIEWER : — Je vous présente monsieur Boris Pilipchuk qui est âgé de 36 ans. S'il te plaît, Boris parle-nous un peu de toi.

BORIS : — Je suis un officier, un Lieutenant supérieur dans la force de police. J'ai travaillé comme un officier de service stratégique dans l'une des sections du quartier général de la force de police dans le District Khemlnitskij en Ukraine, et j'ai combattu dans la guerre de l'Afghanistan. Je suis marié et j'ai trois enfants. Nous habitons dans un village qui s'appelle Novaya Siniavka, dans la région de Starosiniavskij du District de Khemlnitskij.

INTERVIEWER : — Boris, je sais que tu es un Croyant. Comment as-tu été sauvé ?

BORIS : — J'étais un athée convaincu, mais ma femme et ses parents étaient des Chrétiens et voulurent toujours que je sois sauvé. Un jour, le 16 septembre 1996, le Pasteur Nikolai Ivashenko, de l'Église du Plein Évangile dans la ville de Mariopol, il vint à notre village pour une visite à ses parents. Ma femme lui demanda de me parler un peu, mais en faisant attention, parce qu'en ce temps-là j'étais très agressif, il me manquait la patience et j'étais grossier. L'instruction que je reçus de l'armée laissa une marque sur mon caractère.

Lorsque je vis le Pasteur Nikolai, je pensai en moi-même : ''Je vais te donner une leçon… ''. Mais Nikolai vint vers moi et commença à dire quelque chose, et soudain je commençai à sentir une telle paix, une telle tranquillité dans mon cœur, telle que je n'avais jamais expérimentée dès les jours de mon enfance. Je n'étais habitué qu'à donner des ordres, à recevoir des ordres et à les exécuter aveuglément. Je me formai dans cette espèce de milieu, dans lequel la normale interaction humaine était si rare. Lorsque j'écoutai les paroles de Nikolai et lorsque j'entendis la phrase : ''Nous allons prier, répète après moi… '' quelque chose intérieurement subit une transformation. Je répétai la prière du pécheur. La puissance de l'Esprit Saint vint sur moi et le Seigneur me baptisa d'Esprit Saint. Depuis lors, je consacrai ma vie au service du Seigneur.

INTERVIEWER : — Ceux qui étaient autour de toi, comment réagirent-ils à ce changement dans ta vie ?

BORIS : — Ma mère, au début, réagit à tout cela avec beaucoup d'indignation, parce qu'elle n'avait pas encore connu le Seigneur. Plus tard, il commença l'opposition sur mon poste de travail, on me menaça de me laisser à la maison ou de me dégrader, on en arriva même à tenter de me faire retourner dans le péché, mais moi, je ne fus pas troublé par cela ni m'inquiétai. En d'autres temps, j'aurais été probablement dans un état de confusion… renoncer à mon grade d'officier simplement à cause de quelque espèce d'inconvénient, cela me paraissait absurde. La Parole de Dieu dit que, si vous êtes conduits en tribunal, vous ne devez pas vous inquiéter d'avance de ce que vous devez dire, parce que je parlerai pour vous. Et ainsi, moi, n'étant pas inquiet de mon destin, je dis : « Vous, vous ne pouvez rien me faire, parce que le Seigneur est avec moi ». Ainsi, mes officiers supérieurs durent céder à cela. Non seulement les collègues cédèrent à cela, mais ils commencèrent même à m'écouter avec plaisir lorsque je leur prêchais pendant ma période de repos. Je parlai à tous du Seigneur, dans l'espoir de conduire au Seigneur au moins une âme. Je ne vais pas continuer à décrire les choses horribles que je fis avant le repentir, parce que le Seigneur me les a toutes pardonnées. Je loue et remercie le Seigneur pour cela. Le Seigneur pardonne tout péché à quiconque se repent sérieusement.

INTERVIEWER : — Tu es un militaire et un Croyant. Cela est très insolite. Les gens considèrent-ils normale cette chose ?

BORIS : — Je dis à tous que Jésus-Christ est le Seigneur de tous, et des militaires aussi. Le Seigneur aime tous de la même manière. On me demande quelques fois : ''Comment peux-tu servir Dieu, étant un militaire, en maniant des armes ?'' C'est que la parole de Dieu nous enseigne comment servir le Seigneur.
Lorsque Jean-Baptiste baptisa les gens dans le fleuve Jourdain, les militaires vinrent vers lui et ils lui demandèrent : ''Que devons-nous faire ?'' La réponse de Jean-Baptiste à cette question, ce fut qu'ils devaient se contenter de leur solde, c'est pourquoi ils ne devaient plus se plaindre et n'auraient pas dépassé leurs limites. Il n'y a écrit nulle part dans la parole de Dieu que les militaires ne doivent pas servir le Seigneur. Au contraire, nous savons des Saintes Écritures que deux officiers romains se repentirent et qu'eux et toutes leurs familles servirent le Seigneur Jésus-Christ. Chaque Croyant a un ministère distinct aux yeux de Dieu.

INTERVIEWER : — Boris, je vois que tu as une santé parfaite. Avant ton extraordinaire souffrance, étais-tu dans le même état de santé ?

BORIS : — Oui. La santé parfaite constitue une qualité requise indispensable pour entrer dans la police. Pour nous, il était obligatoire de se soumettre périodiquement à des examens médicaux.

INTERVIEWER : — S'il te plaît, raconte-moi ce qui t'arriva.

BORIS : — Je vais raconter comment le Seigneur m'a ressuscité de la mort. Le 27 juillet 1998, je rentrai du travail, à mon village. En ce moment, il m'arriva quelque chose. Je ne peux décrire exactement ce qui m'arriva. J'étais complètement paralysé et je perdis mes sens.

Sur la base du compte rendu de ma femme, après que je perdis mes sens, je fus transporté à toute vitesse à l'hôpital, au service de réanimation. Le diagnostic des médecins fut – Hémorragie cérébrale. À l'hôpital, je restai dans un état inconscient pendant plusieurs jours. Je fus transféré au service de réanimation de la Clinique du District de Khelmitskij. Les médecins continuèrent à lutter pour me faire vivre. Mais la crise cardiaque, qui maintenant avançait, ne leur laissa aucune chance de me faire survivre.

INTERVIEWER : — Combien ton hémorragie cérébrale était-elle grave ?

BORIS : — Comme je découvris plus tard, le médecin diagnostiqua une hémorragie interne dans 95 % de mon cerveau. Tout l'appareillage et les senseurs qui furent attachés à mon corps, attestèrent la mort. Dans leur rapport médical, les médecins diagnostiquèrent une hémorragie qui s'était répandue dans tout mon cerveau, tous les neuf examens faits confirmèrent la mort.

2. La mort enregistrée par les Médecins.

INTERVIEWER : — Boris, d'après ce qu'on te dit ensuite, après que les médecins certifièrent ta mort, appelèrent-ils immédiatement ta femme ?

BORIS : — Oui, ils l'appelèrent et elle ne fut pas la seule personne qu'ils informèrent. À vrai dire, ce qui arriva fut que, toutes les 15-20 minutes, mes collègues téléphonèrent à l'hôpital afin d'avoir des renseignements sur ma santé. On leur dit que je n'étais plus vivant, que j'étais déjà mort. À mon poste de travail, déjà on recueillait de l'argent pour ma sépulture, on avait déjà commandé une bière pour moi, la sépulture viennoise et toutes les autres choses nécessaires pour la circonstance. Bref, on fit tous les préparatifs pour ma sépulture. Selon moi, je crois que la mort soudaine d'un tel policier, sain de santé, ce fut un événement stupéfiant qui prit tous au dépourvu. Cela fut clair de nombreux coups de téléphone à l'hôpital de la part de mes collègues.

INTERVIEWER : — Ta femme était-elle avec toi lorsque tu mourus ?

BORIS : — Oui, elle était avec moi, mais il ne lui fut pas permis d'entrer dans la salle de réanimation. Plus tard, ma femme me dit qu'elle pria continuellement Dieu pour mon salut. Lorsque les médecins commencèrent à combattre désespérément pour me sauver la vie, ma femme appela au téléphone le Pasteur Nikolai en Mariopol. Ma femme lui dit ce qui était arrivé et elle lui demanda de prier pour moi. Alors qu'il priait, Dieu lui dit que la situation ne conduirait pas à la mort, mais à la gloire de Dieu. Il a tranquillisé ma femme et il lui dit qu'une Fête Chrétienne avait lieu dans la ville de Mariopol et que tous les croyants prieraient pour moi. Ils prièrent. Pendant cette période, les événements à l'hôpital montaient. Les médecins informèrent ma femme de ma mort, et, après deux heures, il lui fut permis d'accompagner mon corps sur le brancard jusqu'à la porte de la morgue.

3. Informations médicales sur la chance qu'a une personne morte de revenir à la vie

INTERVIEWER : — Pour une compréhension d'un point de vue médical, nous faisons référence à une liste de publications médicales. Dans la Concise Medical Encyclopedia (par les soins de la Soviet Encyclopedia, 1974), il est écrit ce qui suit :

L'hémorragie cérébrale est définie comme le bouleversement de la normale circulation du sang dans le cerveau, qui a comme conséquence la mort du matériau cérébrale (Partie 1, page 506).

Le fait qu'un organisme ressuscite (réanimation) est défini comme la restauration d'un bouleversement soudain ou d'une perte totale de la vie qui soutient les fonctions d'un organisme. La mort clinique est le dernier stade, réversible, de la mort d'un organisme d'au moment où la respiration et la circulation du sang cessent jusqu'au début de changements irréversibles dans le système nerveux central, après quoi la mort va sous le nom de mort biologique. La durée de la mort clinique dépend de la cause qui a engendré le développement d'une condition terminale, la durée de l'agonie, l'âge, etc. À des températures normales, la mort clinique dure pendant une période de 4-6 minutes, après quoi la restauration des activités normales du système nerveux central devient impossible.

Les procédés de la réanimation devraient être commencés dès qu'il a été démontré la mort soudaine. Il est conseillé aussi de ne pas permettre la complète cessation de la respiration ou du battement cardiaque. Si le battement cardiaque n'est pas rétabli, il est conseillé de continuer à accomplir les procédés de réanimation jusqu'à ce qu'ils se révèlent efficaces. Les signes de l'efficacité : disparition de la cyanose, observation d'une respiration difficile spontanée (plus tôt elle commence, mieux c'est le pronostic), la pulsation de gros vaisseaux sanguins conformément au rythme du massage, rétrécissement des pupilles. Si ces signes ne paraissent pas en l'espace de 20-25 minutes, les procédés de ressuscitement devraient être interrompus (Partie 2, page 270-271).

Je sais que les médecins ont quelques règles, qui ne peuvent jamais être violées par personne en aucune entreprise médicale. Dans leurs règles, une personne qui gît en réanimation, dans une condition de mort biologique, elle ne devrait pas y rester plus de 2 heures, et seulement après cette période de temps, la personne peut être transportée à la morgue.

Cela signifie qu'après avoir démontré le fait que Boris était dans une condition de mort clinique, les médecins luttèrent pendant 30 minutes pour lui sauver la vie, et après avoir constaté une condition de mort biologique, il ne passa pas moins d'autres 2 heures, pour la période de temps qu'il fut dans le service de réanimation. Ce qui signifie que les procédés irréversibles et la mort du matériau cérébrale étaient déjà commencés, vu que le temps nécessaire pour le ressuscitement après la mort clinique dure environ 4-6 minutes. En ce cas, la personne est complètement morte. La mort de Boris fut confirmée par les médecins et par l'appareillage médical qui était relié à son corps.

4. "J'ai vu le Paradis" – Boris

INTERVIEWER : — Et maintenant, Boris, raconte-nous comment tu te sentis. Qu'est-ce que tu vis ?

BORIS : — Je me sentis comme si j'étais conscient. Je commençai à voir de mes propres yeux, ce qui arriva après un coup intérieur dans le corps. Je commençai à voir toutes les choses comme de haut. Mon âme sortit de moi et je regardai mon corps. Les médecins habillés de longs vêtements blancs s'étaient rassemblés autour de moi. De nombreux appareillages furent reliés à mon corps. Les médecins tentèrent de me porter à une condition normale, ils coururent tout autour et appliquèrent toute mesure possible. Mais tous leurs efforts ne servirent à rien.

Alors, je commençai à monter de la terre. La terre devint de plus en plus petite. Elle devint si petite, et puis elle disparut complètement. Mon transport fut accompagné d'un continu sifflement dans mes oreilles. Puis j'arrivai dans un lieu extraordinaire, qui était si éclairé que je commençai à me sentir bien. Je vis une échelle en or, qui émanait des rayons de gloire. L'échelle était plutôt large. Sur les deux côtés de l'échelle, il y avait des barres en or, le long lesquelles, du bas jusqu'au sommet, il y avait des anges ailés vêtus de blanc, ayant des ceintures d'or. Leurs cheveux étaient blancs, leurs visages resplendissaient beaucoup, comme l'éclair, leurs yeux étaient comme deux lanternes. Ils avaient des visages humains. La couleur de leurs mains et de leurs jambes était comme celle d'éclats de cuivre resplendissant. Extérieurement les anges étaient comme les hommes. Autour de l'échelle et au-dessous d'elle, il se tenait debout un grand nombre d'anges dont je ne peux décrire le nombre. Ces anges-ci étaient sans ailes. Tous les anges chantaient des psaumes. Et de façon surprenante je ne savais pas en quelle langue ils chantaient, mais en ce moment-là je compris totalement les paroles du psaume. Ils chantèrent : ''O Seigneur, tu es digne de toute la gloire et de toute la louange. Toi, Seigneur, tu créas les cieux et la terre. Tu es digne de notre louange !''

Puis je vis une lumière extraordinaire au bout de l'échelle. Mais la lumière n'était pas comme celle du soleil ou d'une soudeuse, laquelle a un effet nuisible sur les yeux. La lumière était extraordinairement intense, mais elle ne faisait pas du mal aux yeux, elle était chaude, apaisante, pleine de joie et de paix. J'étais plein de joie, au point que de simples mots ne peuvent décrire comme je me sentais. Ma joie continua à augmenter et il n'y eut aucune limite à la joie que j'éprouvai. Je ne sais pas comment décrire en mots cette vision et cette sensation, mais je voudrais que vous imaginiez l'image que le Seigneur me montra. Plus tard, j'entendis une voix venant du lieu où était la merveilleuse lumière, qui dit : ''Mon fils, viens à moi et je vais te montrer quelque chose. Je vais t'aider''.

Du milieu du grand nombre d'anges, deux anges vinrent derrière moi. L'un était à ma gauche et l'autre à ma droite, juste à peu de distance de moi. Je ne tournai pas en arrière la tête, je ne regardai pas derrière moi, et je ne regardai pas autour de moi, mais il paraissait que je pouvais regarder à 360 degrés autour de moi. Je n'étais pas nerveux et je n'éprouvai aucune forme de gêne. J'étais complètement calme et si heureux au point que je ne peux décrire comment je me sentis ni alors ni maintenant. Je ne fis aucune question à personne, comme : ''Où me trouve-je ? Qu'est-ce qui m'est arrivé ? Qu'est-ce qui arrivera plus tard ?'' Je me sentis complètement confiant en moi-même, comme si j'étais dans un lieu familier. Je me sentis comme si je vivais d'une façon permanente dans ce lieu.

Puis l'Esprit Saint me transporta dans une vaste plaine, dans laquelle des chevaux très beaux sautillaient. Au centre du champ, il y avait une très grande ville en forme de cube. Lorsque je la remarquai, je commençai à m'approcher d'elle. Mais je m'approchai de la ville d'une manière différente, non comme un homme marche normalement sur le sol. Je me déplaçai sans que mes pieds touchent par terre, c'était comme si je glissais. Les anges m'accompagnèrent. Plus près de la ville, je m'approchai, plus intense ce fut le plaisir que j'expérimentai par ce que je vis.

Il y avait des murs très hauts, qui étaient multiples en nombres et de différentes couleurs. Il y avait en tout 12 couleurs qui émanaient des rayons et elles brillaient comme une lumière resplendissante. (Plus tard, après ma résurrection, lorsque j'étudiai les chapitres 21-22 du livre de l'Apocalypse dans la Bible, je trouvai une confirmation de ce que j'avais vu). Je vis les fondements de la ville, qui étaient faits de 12 pierres précieuses de ce monde. Je vis une porte de perle, trois portes sur chaque mur. La porte de perle était très grosse, plus haute de deux mètres. Je ne mesurai pas les portes, mais selon moi une perle était plus grande de deux mètres. Je ne vis que six portes, parce que le Seigneur me conduisit dans la ville par un de ses coins. Je vis les deux côtés du cube. Puis le Seigneur me conduisit par l'une des portes dans la ville, comme nous passâmes par les portes, je vis deux inscriptions. L'une d'elles était au-dessus de la porte et la seconde était au-dessous de la porte. L'un des noms des tribus d'Israël était écrit au-dessus de la porte, et au-dessous de la porte il était écrit le nom d'un Apôtre.

Malheureusement, je ne sais pas quelle est la porte par laquelle le Seigneur me conduisit dans la Nouvelle Jérusalem, mais maintenant j'aimerais le savoir.

Lorsque j'entrai dans la ville par les portes, je restai immobile en admiration : la ville était faite complètement d'or. L'or était pur et, moi, précédemment je n'avais jamais vu une telle splendeur. J'avais vu combien les objets d'or resplendissaient dans les magasins de bijoux, mais cette splendeur n'était pas comparable à cette splendeur que je vis en ce moment-là. Rues d'or, maisons d'or, portes d'or – tout était fait d'or, transparent comme du verre. Je n'aurais jamais pu imaginer que l'or pouvait apparaître transparent et si pur. Je lus cela dans la parole de Dieu, mais je ne pouvais pas en réalité l'imaginer, cette question m'était cachée. Je ne pouvais vraiment imaginer comme un métal dur pouvait être transparent. Maintenant que je le vis, je voulais vraiment le toucher. Je touchai les murs, j'entrai dans quelques maisons et je scrutai tout. Je ne demandai pas aux anges où devais-je aller de ce lieu. Il semblait que je connaissais la rue. J'étais écrasé par une telle sensation comme si je me trouvais dans un lieu tout à moi.

Alors que je poursuivis mon chemin dans la ville, près du centre, je vis un grand arbre dans ce lieu. L'arbre avait des fruits en forme de poire sur lui. La dimension du fruit était à peu près la dimension de deux poings de grandeur moyenne mis ensemble. Les feuilles sur l'arbre me rappelèrent les feuilles d'un arbre de tilleul [lime tree], mais elles étaient plus grandes et comme des feuilles de bardane [burdock]. Lorsque j'arrivai près de l'arbre, je voulus prendre un fruit de lui et je commençai à tendre la main pour en prendre un. Soudain avec enthousiasme, je fus surpris que la main que j'avais étendue n'était pas comme une main normale, mais elle était transparente. Lorsque j'allais cueillir un fruit, l'ange qui était à peu de distance derrière moi, sur le côté droit, il étendit la main et il m'arrêta. En gesticulant du doigt, il me dit que pour le moment je ne devais pas cueillir le fruit. Puis il arriva quelque chose que je ne m'attendais pas ; sans aucune espèce de chagrin et de déception pour l'action de l'ange, je quittai l'arbre. Parlant de façon générale, dans la ville, je n'expérimentai jamais aucun genre de gêne ou de confusion.

Lorsque je quittai l'arbre, je vis une lumière extraordinairement resplendissante au centre de la ville. Ce fut très intéressant que je ne vis aucune ombre, ni due aux arbres ni aux maisons non plus. Il n'y avait pas d'ombres dans ce lieu ni de lampes non plus. Je ne vis pas le soleil, et pas même quelque objet qui donnait de la lumière, mais la lumière était extraordinairement resplendissante et si agréable aux jeux, au point que j'étais très heureux outre mesure. Je ne peux décrire de façon adéquate par des mots l'insolite et extraordinaire condition de mon âme...

Lorsque je vis le centre de l'éclairage, je baissai la tête et je sentis une écrasante impulsion à plier les genoux, mais l'ange me soutint et j'entendis une voix : ''Mon fils, je t'ai montré tout ce qui t'est nécessaire en ce temps, et maintenant tu dois retourner, pour proclamer Ma Gloire, mon pouvoir et ma domination, pour proclamer tout ce que tu as vu et entendu''. Alors, je commençai à prier et à implorer le Seigneur, en lui demandant de me faire rester dans ce lieu, où je me trouvais. Je m'écriai : ''Seigneur, je ne veux pas retourner''. Mais le Seigneur me dit : ''Tu as une femme et trois enfants. Tu dois retourner pour eux, parce qu'il n'est pas encore arrivé le temps pour toi d'être ici''. Alors, je commençai de nouveau à implorer le Seigneur : ''Seigneur, je ne veux pas retourner. Permets-moi de rester près de Toi''. Mais le Seigneur me dit : ''Mon fils, sois doux et sobre, ne murmure pas, retourne. Tu dois proclamer Ma Gloire''.

5. Panique parmi le personnel de l'hôpital

BORIS : En un clin d'œil, je me déplaçai dans l'espace à une telle distance que je vis la terre à laquelle maintenant je m'approchais. Lorsque je m'approchai, je vis la scène suivante : mon corps était porté par le personnel de l'hôpital sur un brancard dans une pièce où les corps des gens étaient gardés. Quelques-uns des corps avaient des incisions faites sur eux. Je compris qu'ils me portaient à la morgue. En d'autres mots, en regardant de haut, je ne vis que comme ils me portaient, je ne vis pas précisément que c'était moi qu'ils portaient, parce que le corps était couvert d'un linge et l'on ne pouvait voir que les pieds. Lorsque je vis ma pleurante femme qui accompagnait le brancard, je compris que c'était moi celui qu'ils portaient. Un membre du personnel de l'hôpital la réconfortait, en cherchant à lui dire de ne pas s'affliger de l'incident et il essaya de l'empêcher d'entrer dans la pièce où ils portaient le corps sur le brancard. Je vis cela comme de haut. Je compris que j'avais été porté à la morgue. Lorsque les portes furent fermées devant ma femme et le brancard avec mon corps sur lui c'était déjà dans la pièce, les gens commencèrent à s'éloigner. Ces gens étaient les garçons de salle et les infirmières qui m'avaient porté à la morgue et qui étaient en train de consoler ma femme.

Lorsque je vis tout cela, je sentis un coup ou plus précisément une secousse et immédiatement j'entrai dans mon corps. À cet instant, j'entendis le vent souffler, une force énorme, qui ouvrit grand avec violence les portes par lesquelles j'avais été porté dedans. Cette force tira les portes de ses gonds et elles tombèrent sur le sol et la force poussa le chariot avec le corps hors de la morgue. Après cela je me levai. La partie supérieure de mon corps s'assit sur le chariot et le linge tomba du corps. Le garçon de salle qui marchait le long du mur de même que l'infirmière tombèrent par terre. Les deux gisaient à terre dans un état de terreur. Une autre infirmière vint, et lorsque me vit assis, elle entra dans un état de choc. Cette même puissance surnaturelle fit dresser debout verticalement le chariot sur lequel j'étais assis, et je restai verticalement sur le sol de mes pieds. Puis le chariot tomba dans sa position normale et se retira à l'intérieur de la morgue.

Je voulais marcher, mais je ne pouvais pas. Mon corps ne répondit pas. J'expérimentai cette sensation, c'était comme si je n'étais pas dans mon propre corps. Alors, je commençai à prier, parce que mes sens redevenaient normaux. Je vis tout, je reconnus tout, j'entendis tout, mais je ne reconnus pas la voix que j'entendis, la voix traînait. Cette sensation était comme si une cassette audio allait à une vitesse plus basse que la normale. Aussitôt, je commençai à invoquer le Seigneur afin que le Seigneur me donne la force pour marcher. Lorsque je terminai de prier, je sentis une grande effusion d'énergie. Je me sentis comme si les cheveux de ma tête tombaient et un millier d'aiguilles piquèrent mon front. Je reçus une telle effusion d'énergie que je me sentis comme si mes pieds étaient dans le goudron. Je sentis une chaleur et une grande puissance de la tête aux pieds. Je commençai à marcher, selon comme l'Esprit Saint me conduisit, dans la direction de la salle des médecins où tous les médecins étaient assis. Sans le vouloir, je possédais une orientation parfaite du plan de l'hôpital, comme si j'avais été ici comme militaire en plusieurs circonstances.

Ma femme tomba à genoux en rendant grâces au Seigneur parce qu'il m'avait ressuscité. Lorsqu'elle revint à soi, prit un linge et elle me courut après pour couvrir ma nudité, parce que j'étais complètement nu. Alors que je continuais à marcher, tout le personnel de l'hôpital courait en diverses directions, en criant. Quelques-uns d'entre eux tombèrent sur le sol, tandis que d'autres s'enfermèrent dans les salles. Ma femme me rejoignit juste lorsque j'approchais de la salle des médecins et elle m'enveloppa avec le linge. J'arrivai à la salle des médecins et j'ouvris la porte de la salle d'une légère poussée. Plus tard, j'appris que la salle avait été fermée à clef par les médecins, et que des armoires avaient été mises derrière la porte à l'intérieur afin d'empêcher d'entrer dans la salle. La porte s'ouvrit facilement devant moi. La puissance du Seigneur ouvrit cette porte.

Lorsque j'entrai dans la salle, quelques-uns du personnel de l'hôpital étaient terrorisés, tandis que d'autres étaient au coin, criant frénétiquement : "Qui es-tu ? Que veux-tu de nous ? Laisse-nous tout seuls !"

Je les tranquillisai et je dis : "N'ayez pas peur, donnez-moi des vêtements". En les regardant en face, je vis qu'ils étaient froids comme la pierre, pleins de peur et d'une horreur indescriptible. Je compris qu'il n'avait aucun sens d'expliquer ma résurrection à ces pauvres médecins terrorisés. N'importe quelle chose je leur aurais dit, ils ne m'auraient pas prêté d'attention. La seule chose qu'ils pouvaient entendre, c'était le battement de leur cœur. Je répétai : "Donnez-moi mes vêtements et j'irai à la maison". Les médecins me laissèrent partir rapidement parce qu'ils étaient dans un tel état de terreur à cause de ma présence. Lorsque je sortis de la salle des médecins, je restai quelque temps debout dans le couloir, et de façon surprenante, mes quatre premiers pas laissèrent derrière quelque chose comme une trace d'eau quoique je sois complètement sec et le linge qui m'enveloppait soit lui aussi sec ! Je m'habillai. Ma femme appela une voiture par téléphone et nous allâmes chez nous.

INTERVIEWER : — Boris, je peux imaginer la panique et le choc des médecins lorsqu'ils te virent. Ce qu'ils virent, sans aucun doute, cela ne s'adaptait pas à l'instruction qu'ils reçurent dans l'école médicale ou à ce sur quoi ils étaient tombés pendant l'exercice de leur profession médicale. Il est clair que ce ne fut pas la mort à les effrayer parce qu'ils la rencontrent tous les jours. Ton être revenu à la vie c'est simplement incompréhensible à l'esprit humain. C'est un fait établi et tout le monde sait que les caillots de sang, dans une partie fermée du cerveau, ne pouvaient aller nulle part, et en plus considérant que le degré de l'hémorragie était de 95 %. Il ne pouvait y avoir été absolument aucune erreur. Après avoir lutté inutilement pour te sauver la vie, ta mort fut confirmée. Tout l'appareillage relié à ton corps confirma ce fait. Tu restas mort en leur présence assez longtemps, à peu près 2 heures et 30 minutes. Après cela tu fus porté à la morgue. L'irréversible processus dans le système nerveux central s'était produisit depuis quelque temps. Et il en résulta que l'homme qui était mort, non seulement il respira, mais marcha de ses pieds et même il parla normalement. De fait, les médecins comprennent combien c'est difficile et combien de temps il y a besoin pour la réanimation afin qu'un patient qui a souffert d'hémorragie cérébrale se rétablisse. Les médecins ne s'attendaient pas un tel miracle.

Et en outre, la résurrection fut accompagnée par une telle puissance de l'Esprit Saint au point que les portes furent tirées de leurs gonds et tombèrent sur le sol avec un tel bruit. Le chariot sortit de la morgue, il se retourna et puis il revint à la morgue. Tout cela arriva à la présence du personnel médical. La nouvelle de ta résurrection t'avait déjà précédé. Les médecins s'étaient déjà enfermés à clef dans la salle des médecins et ils avaient barricadé la porte. Le fait de la porte qui s'ouvrit par la puissance de l'Esprit Saint, ce fut quelque chose qu'eux, simplement, ils ne comprirent pas. Ils étaient dans un état de peur. Les événements qui eurent lieu furent justement trop incroyables pour être compris du normal esprit humain…

6. Collègues de travail stupéfaits

INTERVIEWER : — Et ainsi, nous nous étions arrêtés au moment où tu allais chez toi en voiture. Qu'est-ce qui arriva ensuite ?

BORIS : — J'étais sur la route, en parfaite santé, assis sur le siège avant de la voiture. Pendant le voyage, à l'intérieur de notre district, il arriva que nous nous approchâmes d'un gardien de la route, un véhicule d'un officier d'inspection avec qui il m'était arrivé incidemment de travailler. Lorsqu'il me vit, s'affaissa au sol. Il resta assis sur le sol, stupéfait, pendant beaucoup de temps. Ma femme me demanda de sortir et de lui dire : ''Tout va bien, et je suis vivant''. Moi, je lui dis : ''Je ne vais pas le faire parce qu'il peut finir par mourir de peur''.
Le chauffeur de la voiture dans laquelle nous voyagions, il dut entrer dans la ville pour quelques affaires personnelles qu'il régla rapidement. Nous poursuivîmes notre voyage dans le village, et un policier dont nous avions doublé la voiture, il augmenta la vitesse et il nous rattrapa pour me regarder mieux, pour être sûr que c'était vraiment moi. En voyant que c'était moi, il enleva le képi, il épongea la sueur de son visage, il haussa les épaules et il continua à conduire. Après que j'arrivai à la maison, en parlant littéralement, en trente minutes mon officier supérieur vint chez moi pour découvrir si j'étais vraiment vivant ou si le policier qui nous avait rencontrés dans la rue, c'était fou. Ils ne pouvaient vraiment croire qu'après tout ce qui était arrivé, moi, non seulement je n'étais pas en réanimation, mais j'étais à la maison en parfaite santé. Ils ne pouvaient comprendre cette chose. Lorsque je sortis pour les saluer, ils eurent peur et commencèrent à reculer comme si ils avaient vu un fantôme. Je leur demandai de s'asseoir et je commençai à leur parler de ma résurrection. Ils commencèrent à faire des signes de la tête, mais leurs visages révélèrent si frayeur qu'ils ne crurent pas à un seul mot de toutes les choses que je leur dis ni écoutèrent tout ce que je dis. Ils cherchèrent à s'en aller le plus tôt possible, ainsi ils ne seraient pas restés autour de moi pendant beaucoup de temps.
Le lendemain, lorsque j'arrivai au travail, mon officier supérieur ne me permit pas de commencer mes devoirs. Il dit :

— ''Je ne te permets pas de travailler, parce qu'après une hémorragie cérébrale et d'autres maladies semblables que les médecins ont découvertes en toi, tu devrais avoir été catalogué comme un invalide. En considérant ta mort et ta mystérieuse résurrection...''
— ''Mais, toi, crois-tu à tes yeux ?'' – lui demandai-je
— ''J'y crois'' me dit-il.
— ''Peux-tu m'entendre ?''
— ''Je peux t'entendre'' répondit-il.
— ''Peux-tu me voir ?'' – Continuai-je à demander.
— ''Je peux te voir'' – dit-il.
— ''Alors, pince-moi parce que peut-être tu ne me vois pas bien. Je suis aussi sain que toi'' – lui dis-je.
— ''C'est impossible'', dit-il.

7. Déductions faites par la Commission Médicale – Complètement sain. Il peut poursuivre son service.

INTERVIEWER : — Boris, tu as parlé de la réaction de tes collègues. Mais comment les médecins réagirent-ils ?

BORIS : — Oui, pendant deux semaines, 15 différentes commissions médicales accomplirent sur moi des examens médicaux, afin de déterminer si je pouvais rester en service. Les médecins voulaient démontrer qu'au moins il devait exister des effets secondaires. Et que c'était impossible que toutes les choses fussent simplement évanouies sans laisser une trace. Mais toutes leurs radiographies et toutes leurs investigations affirmèrent seulement que j'étais complètement sain.
Un groupe de médecins, principalement des psychiatres et des neuropathologistes, arrivèrent à une opinion commune, que j'allais absolument bien, que je pouvais être admis dans un groupe d'Astronautes. Il me fut permis de continuer mes devoirs comme officier de service dans le bureau du district de police.
Les médecins aboutirent à une conclusion, que je suis bien, toutefois jusqu'à présent ils sont tous dans un état de confusion. Alors que la commission médicale était en train d'accomplir ses devoirs et lorsque les médecins affirmèrent que j'allais complètement bien, ils ne crurent pas

à leurs yeux. Quelques-uns d'entre eux dirent que s'ils n'établiraient pas personnellement le diagnostic, fondé sur des rayons X, sur des cardiographes et sur beaucoup d'autres investigations, ils n'y croiraient pas. Comment les caillots de sang purent-ils disparaître tout seuls à l'intérieur du cerveau, sans aucun procédé chirurgical ?

Les médecins me demandèrent de garder le silence sur toute cette affaire, autrement les gens auraient dit que j'étais fou. Mais je sais que tout mensonge est un péché, comme il est écrit dans la parole de Dieu, que tous les menteurs auront leur part dans l'étang ardent de feu… et qu'ils n'hériteront pas le Royaume de Dieu. Je dis aux médecins : ''Car justement le motif pour lequel je suis sur la terre, après tout ce qui m'est arrivé, il ne me donne pas le droit de garder le silence. Parce qu'il est écrit dans la Parole de Dieu que si vous gardez le silence alors ''les pierres crieront''. Ils répondirent : ''Bien, ce sont tes affaires. Nous n'enregistrerons pas ta résurrection''.

Mais les médecins qui m'avaient soigné, qui avaient prononcé le diagnostic et par la suite ils certifièrent ma mort, ils se repentirent tous. Ils acceptèrent tous le Seigneur Jésus comme Sauveur.

Je voudrais dire quelque chose d'autre en plus, que Dieu ne ressuscite pas une personne pour la laisser paralysée. Il me ressuscita et il me donna une complète guérison.

Je fais cette affirmation, que Dieu n'est pas un être abstrait. Il est un personnage qui parla avec moi. Il est réel, et le Paradis est réel.

8. Qu'est-ce qui signifie tout cela ?

INTERVIEWER : — Je demande gentiment au Pasteur Ancien de l'Église Biblique de la Word of Faith, Pasteur Sunday Adelaja, de commenter ce qui est arrivé à Boris.

SUNDAY ADELAJA : — Savoir qu'une personne est ressuscitée de nos jours, c'est une chose sensationnelle ! Lorsque les gens entendent parler de cela, alors la première chose qu'ils pensent c'est que cela ne peut arriver. Une fois mort, toujours mort. Au contraire, ce fut ou une mort clinique et les médecins furent en mesure de ressusciter une personne ou une exagération – et les gens diront : "En réalité, aucune mort ne fut enregistrée ; il ne s'agit que d'une invention. Bref, il peut être arrivé n'importe quelle autre chose, mais non pas la résurrection, et en plus… quoi Dieu ?" Celle-ci n'est qu'une invention ! Nous sommes des gens intelligents et nous ne pouvons être trompés. C'est la manière dont la plupart des gens raisonnent.

Mais n'ayez pas hâte à tirer une conclusion. En examinant et en pensant à cette affaire, parlons de ce que la Bible dit sur Dieu et sur la résurrection.

Les savants ont déjà abouti à une conclusion, que la Bible contient des faits historiques. L'existence de Jésus-Christ comme un personnage historique, c'est un fait que personne aujourd'hui ne conteste. Les enseignements de Jésus-Christ et Ses œuvres nous confirment qu'Il est le Fils de Dieu, qu'Il est Dieu Même. Cela fut confirmé par des signes et des prodiges (lis le Nouveau Testament). Il lui a été donné tout pouvoir dans le ciel et sur la terre (Mt 28/18 ; Job 42/2). Dans la Bible, des cas de personnes ressuscitées sont enregistrés. Les sceptiques disent : "Mais tout cela arriva au temps de Jésus, Jésus lui-même fit cela, Dieu Même". Mais dans la parole de Dieu, il est écrit que le Seigneur ne change pas, qu'Il est le même hier, aujourd'hui, et pour toujours (Mal 3/6 ; Hé 13/8). Lorsque nous parlons de quelque chose d'idéal, cela signifie que cette chose ne peut être ultérieurement perfectionnée. Dieu est parfait (Mt 5/48) et donc Il ne change pas. Ainsi ce qu'Il fit précédemment, Il le fera de nouveau. Sa parole ne change pas (Es 45/23 ; Tite 1/2). Il est la vérité (Jé 10/10). Il est éternel (1 Ti 1/17 ; Ps 89/4). Il est le Créateur du ciel et de la terre (Ge 1/1 ; 2/4 ; Actes 4/24).

Les voies du Seigneur ne peuvent être sondées (Es 40/28 ; Ro 11/33, Job 5/9 Job 11/7). Il est difficile pour l'esprit humain de comprendre pleinement le Dieu tout-puissant. Mais les gens souvent évaluent Dieu par leurs propres critères, ils cherchent à gagner une compréhension de comment Il accomplit, de ce qu'Il veut faire. Mais cela est simplement illogique de la part de l'humanité. L'homme n'est pas comparable à Dieu, et il ne peut pas même comprendre Son habileté (Job 11/7 ; Ps 144/3).

Les croyants ont un problème particulier ; ils pensent de cette façon : "Si je ne peux comprendre cette chose, comment Dieu fait-il à faire cette chose, alors cela signifie simplement que cette chose ne peut être". Mais ils oublient qu'en étudiant les lois de la physique, ils ne discutent pas le fait qu'ils ne peuvent voir qu'un étroit spectre de la radiation de la lumière, ou seulement entendre déterminées fréquences sonores, etc. La limitation de la capacité humaine est évidente.

Tous comprennent que pas tous peuvent devenir des artistes, des chanteurs, des mathématiciens, ou des opérateurs mécaniques, etc. Par exemple, quelqu'un ne se mettrait jamais à jouer aux échecs avec un grand maître d'échecs ayant effectivement évalué son habileté dans ce jeu. Mais l'homme a l'audace de déterminer la valeur de Dieu et il fixe Ses capacités. Par exemple, les hommes demandent : "Dieu peut-il ressusciter une personne ?" Les gens aiment critiquer Dieu et Son œuvre. Les gens cherchent même à mettre en doute Dieu, qu'Il ne peut avoir fait une chose de la façon attendue ou qu'Il peut avoir fait quelque chose d'autre pas correctement. C'est une absurdité. Cela signifie qu'une personne juge son Créateur et un vase d'argile commande le potier en disant : "Que fais-tu ?" (Es 29/16 ; 45/9, Ro 9/20-21).

Nous sommes si fascinés par la merveille de la création, mais beaucoup de gens nient la sagesse et l'intelligence qui l'ont produite. Ils affirment que la nature même est assez ingénieuse. Ils concluent qu'il n'y a aucun Créateur qui s'attribue le mérite d'une telle perfection. Mais si vous leur montrez une télévision ou une montre, ils vous diront que ces choses-ci ont été créées par un esprit intelligent, et qu'elles ne sont pas sorties de leurs-mêmes. Maintenant, voyez-vous la contradiction et le paradoxe de cette façon de raisonner ?

En regardant la Bible, j'ai médité sur la résurrection de Lazare… Jésus-Christ aimait Lazare et ses sœurs Marthe et Marie (Jean 11/5, 35, 36). Je pensais : "Pourquoi Jésus retarda-t-il, en sachant que Lazare allait mourir ? Pourquoi n'alla-t-il pas immédiatement sauver son ami ? Pourquoi permit-il qu'il arrive sa mort ? Jésus-Christ n'arriva que quatre jours après, lorsque le corps avait déjà commencé à se putréfier (Jean 11/39). Je compris que Jésus permit cela pour convaincre tout le monde que Lazare était vraiment mort, de sorte que par sa mort, il aurait été révélé la Gloire de Dieu, sa Puissance et sa Force. Il nous montra qu'il n'y a rien d'impossible pour Lui".

En écoutant le témoignage de Boris Pilipchuk et en le voyant tout à fait sain, nous voyons la main de Dieu en cette chose. Dieu a accompli un miracle en accord avec sa volonté… "Je ferai tout ce qui me plaît", dit le

Seigneur (Es 46/10). En ces derniers jours, le Seigneur a décidé de Se révéler par l'homme, en ce cas-ci par Boris. Nous ne pouvons nier le fait de la résurrection de Boris. Celle-ci a eu lieu de nos jours, justement comme quand le Seigneur Jésus-Christ ressuscita Lazare.

Croire en la résurrection est une affaire personnelle de tous. Dieu a donné à l'homme la liberté de choisir. Souvenez que lorsque Jésus fut ressuscité des morts, pas tout le monde crut. Mais le fait de la résurrection ne dépend pas de nos opinions. Un fait est un fait. Nous ne pouvons obtenir la vie éternelle que si croyons en Jésus et en sa résurrection (Jn 3/36). Il est le Chemin, la Vérité, et la Vie – Jn 14/6

Je crois que, par ce témoignage, beaucoup d'yeux seront ouverts. Les gens le comprendront, que Dieu accomplit des choses, qu'Il est vivant, Réel et le Tout-Puissant. Ils comprendront qu'il y a une vie éternelle qui est préparée pour nous.

''Qui a cru à notre prédication ? À qui a été révélé le bras du Seigneur ?''
– Es 53/1, c'est-à-dire à qui a été révélé la Puissance du Seigneur ?

Que le Seigneur puisse bénir vous tous et révéler soi-même à vous tous.

Nous avons parlé de Dieu ; il est donc bon que nous finissions en prière. Oui, il y aura des morts ressuscités jusqu'à ce que notre seigneur Jésus (re)vienne. Quand Jésus a dit à ses disciples ''vous aurez le Saint-Esprit qui va témoigner de moi et vous allez faire des miracles'', il n'y a pas de limite à ces miracles. Si le Saint-Esprit qui est Dieu est en nous, pourquoi ne pouvons-nous pas ressusciter un mort ? Est-ce à dire que Dieu est limité en nous ? Je ne pense pas. Et quand la Bible dit ''Christ est en nous'', cela voudrait-il dire la moitié de Christ en nous? N'avons-nous pas la plénitude de Christ en nous ? Je n'ai pas vu vis à vis un mort ressuscité, mais je crois que Christ n'est pas à moitié en moi ; j'ai la plénitude de Dieu en moi et je peux ''tout'' par Lui. Il faut avoir la foi pour l'expérimenter et surtout lire la Bible. C'est très important.

Dieu est le même hier, aujourd'hui et éternellement ; et ce n'est pas une simple parole. Au nom du Pére et des miens …

Amen !

RÉFÉRENCES BIBLIOGRAPHIQUES

- http://www.word-of-faith-ch.org/http://francese.lanuovavia.org, consulté le 09 décembre 2017.

- La Bible universelle

- Collectif (trad. de l'hébreu), *La Bible : Traduction œcuménique*, Paris, Bibli'O - Société biblique française et Les Éditions du Cerf, 2010, 2079 p. (ISBN 978-2-85300-138-0 et 978-2-204-09412-2).

Table des matières

yes

I want morebooks!

Buy your books fast and straightforward online - at one of world's fastest growing online book stores! Environmentally sound due to Print-on-Demand technologies.

Buy your books online at
www.morebooks.shop

Achetez vos livres en ligne, vite et bien, sur l'une des librairies en ligne les plus performantes au monde!
En protégeant nos ressources et notre environnement grâce à l'impression à la demande.

La librairie en ligne pour acheter plus vite
www.morebooks.shop

info@omniscriptum.com
www.omniscriptum.com

Printed by Books on Demand GmbH, Norderstedt / Germany